Marcel Landthaler

WortWirrWarr

Leben mit einem Hirntumor

Gestaltung: Jürgen Hermann, www.hermanngrafik.de

Lektorat: Antonie Hertlein, www.texte-lektorat.de

Herstellung und Verlag: BoD - Books on Demand, Norderstedt

Printed in Germany

ISBN 978-3-746-08849-5

Dieses Buch widme ich
allen Betroffenen,
allen Genesenen,
allen Interessierten,
allen Ärzten
&
meiner Familie

Inhalt

Vorwort

Mein Name ist Marcel Landthaler, ich bin 24 Jahre alt, arbeite als Zerspanungsmechaniker und lebe mit meiner Freundin Nadine zusammen. Ach ja, und ich habe einen Hirntumor.

Ja, was soll man dazu sagen? Genau: Scheiße.

So eine Nachricht bringt mal schnell dein komplettes Leben durcheinander. Und natürlich das deiner Familie.

Wie geht man mit so einer Diagnose um? Puh … keine Ahnung. Das kann ich euch leider nicht beantworten.

Man kann nichts machen. Man muss damit leben. Damit klarkommen. Sich nicht verrückt machen.

Ich habe mich informiert.

Welche Arten von Tumoren gibt es? Wie sind die Behandlungsmöglichkeiten? Welche Risiken gibt es? Welches Krankenhaus hat eine gute neurologische Abteilung? Was raten einem die Ärzte? Wie lange ist man voraussichtlich arbeitsunfähig? Wie sieht es mit der Bezahlung aus? Wie sieht es mit dem Arbeitsplatz aus?

Und nicht zuletzt fragte ich mich: Wie ist das eigene Bauchgefühl?

Ich habe, so glaube ich zumindest, die Sache gut hinbekommen. Ändern kann man an der Situation eh nichts.

Was mir sehr geholfen hat, war, diese Seiten zu schreiben. Zum einen hat es mich unterstützt, das Erlebte zu verarbeiten. Zum anderen, alles noch mal Revue passieren zu lassen. Und natürlich habe ich auch geschrieben, um während der Krankheitsphase eine Beschäftigung zu haben. So wird auch nichts vergessen oder gar verdrängt. Ich kann in 15 Jahren dieses Buch hernehmen und nachlesen, wie und wann was war. Auch für meine Familie, Freunde, Bekannten, Ärzte und wen es sonst noch interessiert ist dieser Erfahrungsbericht gedacht.

Vorab muss ich sagen: Ich habe ein paar Wochen nach der Operation angefangen zu schreiben, als ich noch völlig neben der Spur war. Man wird es an der Schreibweise merken, und das ist auch gut so. Vielleicht spürt man eine stetige Verbesserung. Oder auch nicht. Ich bin ja auch kein Schriftsteller.

Also, vielleicht kann ich euch mit meinem Buch einen Einblick geben in das Leben mit einem Hirntumor.

Prolog

Februar 2016

Verdammt, nicht schon wieder.

Mir wird ganz komisch, ich kann dem Gespräch mit meinem Arbeitskollegen nicht mehr folgen, nicke nur noch geistesabwesend. Das Geräusch der zerspanenden Fräsmaschinen geht unter. Ich will meinem Kollegen auf seine Frage antworten ... fuck ... die Wörter, die meinen Mund verlassen, sind nur wirres Geplapper. Über meine rechte Wange marschieren zehntausend Ameisen.

Hoffentlich hat er es nicht bemerkt. Ich lasse ihn einfach stehen, gehe nach draußen, atme durch und probiere, normal zu reden. Es geht nicht ...

Das ist jetzt schon das achte Mal seit Oktober letzten Jahres. Bisher hab ich mir dabei nie was gedacht, war ja nach ein, zwei Minuten immer vorbei. Ruhig, Marcel, langsam, dein Hirn überschlägt sich.

Oder hab ich es einfach verdrängt, weil mir klar war, dass das kein gutes Ende nehmen wird?

Die Einsicht

Jetzt ist genug, ich muss was unternehmen!, dachte ich mir. Hmmm, komisch, die Gedanken waren klar, nur was aus meinem Mund kam, war völlig verdreht.

Schnell, ich muss jemandem Bescheid geben, aber wem? Dem Meister, den Kollegen? Nein, die machen immer gleich so ein großes Theater. Jetzt im Nachhinein betrachtet, wäre das wohl das Richtige gewesen.

Handy ... Ich rief Nadi, meine Freundin, an, sie würde bestimmt abheben. Sie ging tatsächlich hin. Ich versuchte ihr mein Problem zu erklären.

„Nicht – ich – kann – sprechen. Worte – ich – Reihenfolge.“

Sie war die Erste, die mich in diesem Zustand erlebte und hörte, wie ich vergeblich versuchte, mich zu artikulieren.

Schon waren die zwei Minuten um. Mein Hirn wurde klar, ich nahm die Umwelt wieder wahr.

Ich konnte wieder normal sprechen.

An meinem rechten Ohr prasselten Fragen auf mich ein. Meine völlig verwirrte Freundin wollte wissen, was das war. Sie konnte mit dem Gespräch nichts anfangen, dachte, ich hätte sie veräppelt.

Im Schnelldurchlauf erklärte ich ihr die Situation und beendete das Gespräch. Das machte die Verwirrung nicht besser. Den restlichen Arbeitstag schrieben wir uns unzählige WhatsApp-Nachrichten. Alle mit dem Versuch, den Vorfall zu erklären.

Was, wann, wo? Wie oft, wie lang – warum?

Um 13 Uhr endete die Frühschicht, Feierabend für mich.

Auf direktem Weg fuhr ich nach Hause. Als ich aus dem Auto stieg, bemerkte ich erst, dass ich zu meinem Elternhaus gefahren war. Heim zu Mama und Papa, die werden es schon richten, dachte ich mir mit einem Schmunzeln im Gesicht.

Auch meiner Mutter erklärte ich die Situation.

„Warum hast du nicht schon früher was gesagt?"

Google

Endlich daheim, endlich Ruhe. Ab aufs Sofa.

Ich überlegte mir, was ich jetzt machen sollte. Das Internet, Google, da stand bestimmt was Hilfreiches drin.

Wieder musste ich lächeln, weil ich wusste, dass meine Mutter, gleich nachdem ich gegangen war, an ihren Laptop gehechtet ist und seitdem Dr. Google löcherte.

Also Suchbegriff „Sprachaussetzer" und Enter. Schlaganfall, Stress, Demenz, Gehirntumor, Migräne und und und. Die Suchmaschine spuckte ca. 20 verschiedene Möglichkeiten aus. Und ungefähr zwölf davon waren tödlich – Google, du kannst mich mal!

Ich bin unzerstörbar!, dachte ich entschlossen.

Schon klingelte das Phone. Meine Erzeugerin, ich wusste es.

Wir besprachen das Recherchierte. Quasselten durcheinander, widersprachen uns und wurden lauter. Das Einzige, worauf wir uns einigen konnten, war: Ich muss zum Arzt.

Hausarzt

Wie ich Arztbesuche hasste! Normalerweise kam ich hierher, um mir eine Krankmeldung abzuholen wegen einer Erkältung, einer geprellten Rippe oder mal wieder einer Verbrennung.

Jetzt war ich hier wegen Was-auch-immer, das mich kurzzeitig nicht mehr sprechen ließ.

Also ab ins Wartezimmer, zu den hustenden und rotzenden Menschen, die sich hier im Winter regelmäßig versammelten.

Als ich aufgerufen wurde, dachte ich: Jetzt gibt es kein Zurück mehr. Die Kugel ist ins Rollen gebracht.

Meine Hausärztin (von der ich übrigens sehr viel halte) empfing mich in ihrem Behandlungszimmer.

Ich erklärte ihr die Situation: dumpfes Gefühl im Kopf, Sprachstörungen für ein bis zwei Minuten, Kribbeln im Gesicht.

Das Entsetzen war ihr anzusehen, aber auch ihre Ratlosigkeit. Sie stellte mir ein paar medizinische Fragen, die ich beantwortete. Schlussendlich druckte sie mir eine Überweisung zum Neurologen und für eine MRT-Aufnahme aus und versprach mir, dafür zu sorgen, dass ich schnell die Termine erhielte.

Ich sollte sie auf dem Laufenden halten … eine nette Frau.

MRT

Wieder ein Wartezimmer. Erstaunlicherweise ging es in der Radiologie sehr schnell voran.

„Guten Morgen, Herr Landthaler, Sie sind hier zum MRT?"

„Ja, zum Schwimmen wohl nicht", sagte ich. Spaß muss sein.

MRT bedeutet Magnetresonanztomografie. Das Gerät arbeitet sich quasi scheibchenweise durch den Körper und macht pro Schnitt ein Bild. Wie das technisch funktioniert, ist schwer zu erklären, aber es macht vieles leichter und hat schon etlichen Menschen geholfen.

Ich legte mich auf die Liege, nebenbei erklärte mir die Schwester die riesige Maschine im Schnelldurchlauf und stöpselte mich, recht schmerzhaft, an eine Kontrastmittelinfusion an.

Die ist wohl etwas angepisst, dachte ich mir.

Dann bekam ich Kopfhörer auf und wurde in die Maschine hineingeschoben. Gespannt, was als Nächstes passieren würde, lag ich da, als ohrenbetäubender Lärm mich aus den Gedanken riss.

Was zur Hölle war denn das? Ging das nicht leiser?

Wohl nicht, die Kiste rumpelte fröhlich weiter. Ich musste mir was einfallen lassen, um das auszuhalten. An Schlafen war nicht zu denken. Aber irgendwie kam mir der Sound bekannt vor – Metal. Ich schloss die Augen und teleportierte mich auf das vergangene Summer Breeze Festival. Alle sind da. Sternhagelvoll stehen wir vor der Bühne und gehen ab zum Heavy-Metal-Sound einer Band, die ich nicht erkenne. Das war schön.

Schon fuhr die Liege aus dem Computertomografen. Das Gestell, das meinen Kopf in Stellung hielt, wurde abgenommen, die Nadel aus der Vene gezogen und der Einstich versorgt.

Die Schwester bat mich, wieder im Wartebereich Platz zu nehmen, bis der Doc sich die Aufnahmen angesehen hätte.

Diesmal schien die Uhr rückwärts zu laufen. Die Focus-Zeitschrift auf dem Tisch kannte ich schon bald auswendig. Ich sah zig Leute kommen und gehen. Hatten die mich vergessen?

„Herr Landthaler, kommen Sie bitte mit", sagte ein großer Mann im weißen Kittel.

Wir gingen in ein ziemlich dunkles Zimmer, das nur von künstlichem Licht beleuchtet wurde. Überall waren Röntgenaufnahmen verteilt. Die zwei Flachbildschirme auf dem Tisch hatten ein ungewöhnliches Format, sie standen hochkant.

Der Arzt deutete auf zwei Stühle. Wir nahmen vor den Bildschirmen Platz.

„Herr Landthaler, da ist etwas in Ihrem Kopf, das da nicht hingehört", sagte er und deutete auf die Aufnahmen am Bildschirm.

Schockiert starrte ich auf den Schirm. Ich verglich die rechte mit der linken Hirnhälfte. Konnte aber überhaupt nichts Auffälliges erkennen.

Der Arzt sah meine Ratlosigkeit und deutete auf die linke Hirnhälfte. „Sehen Sie den weißen Fleck dort?"

„Ja", sagte ich mit leiser Stimme.

„Das ist nicht gut und gehört da eigentlich nicht hin."

„Was ist das?"

„Naja, das könnte vieles sein. Eine Schwellung, eine Narbe von einem Sturz oder – ein Hirntumor. Ich kann Ihnen das nicht genau sagen. Sie müssen sich mit einem Neurologen unterhalten, der kann Ihre Fragen beantworten."

Wie in Trance bedankte ich mich bei dem Arzt und verabschiedete mich. Ich verließ das Krankenhaus und zündete mir eine Kippe an. Qualmend überlegte ich, was ich nun machen sollte. Ich schaute auf die Uhr, halb zwölf.

Zum Arbeiten hatte ich keinen Bock mehr. Ich rief in meiner Hausarztpraxis an und erklärte der Empfangsdame mein Problem. Sie konnte mir nicht helfen. Ich sagte ihr, sie solle ihrer Chefin die Situation erklären und sich dann wieder melden. Ich rauchte noch mal eine. Das Telefon klingelte.

„Hallo, Herr Landthaler, Sie können Ihre Krankmeldung abholen."

Ich hatte es gewusst.

Da fiel mir ein, dass ich eigentlich zwei Fliegen mit einer Klappe hatte schlagen wollen. Meine Schwiegermutter in spe war nach einer Darmoperation stationär in diesem Krankenhaus. Ich erkundigte mich an der Rezeption nach ihrem Zimmer und irrte dann planlos durch das Krankenhaus, bis ich ihr Zimmer fand.

Wir begrüßten uns herzlich. Ich erkundigte mich nach ihrem Wohlbefinden und dann hielten wir Smalltalk. Ihr ging es schon erstaunlich gut, deswegen schlenderten wir langsam zum Raucherbalkon. Dort fragte sie mich, wie es mir gehe. Sie war wohl von ihrer Tochter informiert worden.

Ich erklärte ihr, dass man auf den MRT-Aufnahmen etwas gesehen hatte, die Ärzte sich aber nicht sicher waren, was es sei. Sie war schockierter als ich. Wir besprachen ein paar Möglichkeiten, ich hörte ihr aber nur mit einem Ohr zu und rauchte ununterbrochen. Wir waren uns beide einig, dass der Neurologe mir wohl am besten helfen könne.

Ich wünschte ihr gute Besserung und verließ das Krankenhaus.

Drecksladen, dachte ich mir.

Auf dem Holzweg

Es ist gar nicht so einfach, einen Arzttermin passend zu meinem Schichtmodell auszusuchen, um ehrlich zu sein, ist es sogar verdammt nervenaufreibend. Egal, ich hatte es hinbekommen. Um 10.30 Uhr sollte ich beim Neurologen sein, um 12.30 Uhr bei der Arbeit. Wir würden sehen, ob das möglich wäre.

Nachdem ich den Laden endlich gefunden hatte, wurde mir klar, dass ich nicht einmal wusste, was ein Neurologe genau macht. Am Hirn rumdoktern, Psychotricks oder den Patienten mit Tabletten vollstopfen?

Die bekannte Prozedur am Empfang: Anmeldung, Versichertenkarte, Wartezimmer, warten, warten, warten.

Eine junge Arzthelferin rief mich auf. Ich folgte ihr durch die schlauchartige Praxis zu einer Tür mit der Aufschrift EEG (Elektroenzephalografie).

Was war denn das schon wieder? Ich betrat das Zimmer, das abgesehen von einem Liegestuhl, einem PC und vielen Aktenordnern so gut wie leer war.

„Nehmen Sie bitte Platz. Wir messen jetzt Ihre Hirnströme."

Ich bekam ein Netz über den Kopf gestülpt. Dann wurden gefühlte 500 Kabel angeschlossen und mit wassergetränkten Schwämmchen unterlegt.

Frankensteinmäßig. Fehlen nur noch die Blitze, witzelte ich in mich hinein.

Die Anweisungen der Mitarbeiterin kamen aus der Deckung ihres PC-Bildschirmes: „Augen zu." Eine Minute lang passiert nichts. „Augen auf", zehn Sekunden warten, „Augen zu". Das wiederholte sich ungefähr 15 Mal. Dann kam der Befehl „Augen zu" und so lag ich dann eine ganze Weile auf dem Liegestuhl.

Mir kam es wie eine Ewigkeit vor, bis die Helferin mich wieder von dem Kabelsalat und der Netzhaube befreite.

„Nehmen Sie bitte im Gang Platz", verabschiedete sich die junge Dame.

Wieder verging eine gute halbe Stunde, bis ich aufgerufen wurde. Ein Professor empfing mich in seinem Büro. Auch ihm erklärte ich die Situation, überreichte ihm die ausgedruckten Bilder und die CD aus dem Krankenhaus.

Wir unterhielten uns über die Sprachaussetzer und wie sie sich genau äußerten. Er legte die CD ins Laufwerk und wartete, bis der Rechner sie geladen hatte.

Einige Minuten vergingen, während der Prof schweigend die Bilder betrachtete.

„Ich kann dort nichts erkennen, alles in Ordnung",
meinte er.

Ich glaubte, mich verhört zu haben. „Und woher
kommt dann das komische Irgendwas, das mich seit Oktober plagt?", fragte ich verwundert.

„Das kann ich mir auch nicht erklären."

Will der mich verarschen oder soll das ein Scherz
sein?

Ich bat ihn, zu den Aufnahmen zu scrollen, die dem
Arzt nach dem MRT aufgefallen waren.

„Wegen dieser Bilder wurde ich zu Ihnen geschickt,
und Sie wollen mir sagen, dass Sie dort nichts Auffälliges finden können? Das sehe ja sogar ich. Hier, der helle
Fleck auf der linken Seite!"

Ich deutete mit dem Finger auf die beschriebene
Stelle.

„Da!", zischte ich, hörbar wütend.

Er inspizierte die Aufnahmen noch einmal.

„Oh ja, stimmt, das ist nicht normal. Sind Sie in letzter
Zeit gestürzt oder hatten Sie einen Unfall, oder als
Kind?"

„Nein. Als Kind schon, aber nichts Tragisches."

„Hmm, okay. Also, ich kann Ihnen jetzt nichts Genaues sagen. Mein Vorschlag wäre, Sie gehen in zwei
Monaten noch mal zum MRT und dann kommen Sie

wieder vorbei. Wir schauen dann, ob sich etwas verändert hat und ob Sie noch mal Aussetzer hatten."

„Ähh", stammelte ich, „und das war's?"

In zwei Monaten wollte ich mit meiner Freundin nach Thailand, da konnte ich sicher nicht noch mal hierherkommen!

„Ja, momentan kann ich nicht mehr für Sie tun. Bis bald, tschüss."

Verwirrt verließ ich die Praxis.

Weitergeholfen hatte mir das aber nicht. Darüber musste ich mit meiner Hausärztin sprechen. Gleich machte ich einen Termin für den nächsten Tag.

Ich sah auf die Uhr. Mist, zum Arbeiten kam ich auch zu spät.

Am nächsten Morgen, nach einer unruhigen Nacht, machte ich mich auf zu meiner Ärztin.

Wieder Wartezimmer. Ich döste vor mich hin, bis ich aufgerufen wurde.

Verärgert erklärte ich der Medizinerin, dass mir der Besuch beim Neurologen nicht weitergeholfen hatte und er mich in zwei Monaten wieder sehen wolle.

Entsetzt schaute sie mich an. „So lange können wir nicht warten, wir müssen wissen, was mit Ihnen los ist!

Ich stelle Ihnen eine Überweisung für das Bundeswehrkrankenhaus aus, die haben eine hervorragende neurologische Abteilung."

Schon spuckte der Drucker einen gelben Wisch aus.
Sie unterschrieb und überreichte mir den Zettel.

Bundeswehrkrankenhaus

Das Bundeswehrkrankenhaus, genannt BWK, ist das Krankenhaus schlechthin in der Umgebung. So sagt man zumindest. Diverse Mythen ranken sich um diese Einrichtung. Seitdem ich das letzte Mal jemanden hier besucht hatte, war umgebaut worden.

Ich machte mich auf die Suche nach der Neurochirurgie.

Auf der Infotafel bei den Fahrstühlen stand, sie sei im dritten Stockwerk zu finden. Ich überflog die Namen der anderen Stationen, die sich über sieben Etagen verteilen. Ein riesiges Krankenhaus.

Wenn es hier sieben Stockwerke nach oben geht, soll es, so sagt man, auch sieben nach unten gehen. Das wollte ich mal nachfragen.

Ich meldete mich am Empfang der ambulanten Abteilung und wurde in den Wartebereich gebeten.

Wieder warten. Im Gegensatz zum Wartezimmer bei der Hausärztin hustete und schnupfte hier niemand, aber hier hielten sich sehr viele glatzköpfige Menschen auf.

Ob mir auch so eine Kahlrasur bevorsteht? Das wird meiner Freundin nicht gefallen.

Ein Arzt, so um die 40 Jahre, rief mich auf und wir gingen zusammen zu einem kleinen, von Halogenlampen beleuchteten Zimmer.

Er stellte sich vor. Ich schielte zur Kontrolle auf sein angeheftetes Namensschild. Passt.

Auch diesem Arzt beschrieb ich mein Problem.

Im Gegensatz zum letzten Neurologen schien dieser sich aber wirklich Gedanken zu machen.

Die Bilder der MRT-Untersuchung überreichte ich ihm auch. Er schaute sie hochkonzentriert an.

„Ja, da ist tatsächlich was. Aber die Aufnahmequalität ist schlecht, man kann nicht genau sagen, was es ist."

Klasse, toll, dachte ich mir.

Der Doktor machte verschiedene Tests mit mir:

Ich musste mit geschlossenen Augen den Finger zur Nasenspitze führen, die Arme nach allen Seiten bewegen, während er dagegen drückte, eine Linie entlanggehen, dann bearbeitete er sämtliche Gelenke mit einem Gummihammer.

Was das bringen sollte, war mir nicht ganz klar. Aber ich war ja auch nicht der Arzt.

Schließlich wurden ungefähr acht Blutproben genommen.

Der Zugang war, dank meiner schon oft gelobten Venen, kein Problem.

Auch das ergab für mich keinen Sinn. Aber was soll's.

„Es wäre gut, wenn Sie sich so bald wie möglich zu einem stationären Aufenthalt hier einfinden. Wir machen dann MRT-Bilder und eine EEG-Serienuntersuchung."

Thailand – das war das Erste, was mir in den Sinn kam.

Und Angst. Angst hatte ich auch etwas.

Der Termin wurde vor unseren Traumurlaub gelegt.

Auf dem Weg zur Arbeit stellte ich fest, dass ich sogar mal pünktlich dort ankommen würde.

In Gedanken versunken, war der Arbeitstag recht unproduktiv und ich beendete ihn deswegen zum frühestmöglichen Zeitpunkt.

Allein daheim

Es ist auch mal schön, allein daheim auf dem Sofa zu liegen. Ich bestimmte das TV-Programm, und es kam keine langweilige Soap, sondern eine interessante Dokumentation über die Erfindung der Dampfmaschine.

Wie aus dem Nichts fing meine rechte Wange an zu kribbeln.

Mir war gleich klar, was das bedeutete.

Das Gefühl im Kopf wurde dumpf. Ich nahm die Umgebung nicht mehr richtig wahr.

Seit meinen letzten Sprachstörungen hatte ich mir einen Standardtext ausgedacht, um zum Testen der Sprachfunktion gleich etwas parat zu haben: „Mein Name ist Marcel Landthaler, ich wohne in Dellmensingen und arbeite als Zerspanungsmechaniker. Gelegentlich habe ich Sprachaussetzer."

Diese paar Sätze sollten reichen, um zu wissen, ob es mich wieder erwischt hatte.

„Ist – Marcel – Name – Landthaler, arbeite Dellmensingen …", stammelte ich vor mich hin.

Es hatte mich wieder aus der korrekten Sprachbahn geworfen.

Ich versuchte weiter Sätze zu bilden, erfolglos.

Die Worte kamen wild durcheinander aus meinem Mund. Ergaben keinen Sinn.

Schon wurde es besser. Ich wiederholte meinen Standardsatz, um zu überprüfen, ob es auch wirklich abklang.

Alles war wieder normal. Die Worte bildeten Sätze, die Sätze einen Text. Einen Text mit Sinn, den jeder verstehen konnte.

Jetzt fand ich es blöd, allein zu Hause zu sein. Wieder hatte niemand meinen Anfall live mitbekommen. Und diesen Zustand verständlich zu beschreiben, fiel mir richtig schwer.

Die Diagnose

Ich meldete mich am stationären Empfang an. „Ein Zimmer für eine Nacht bitte", scherzte ich.

Der Pfleger dort lächelte und bat mich, im Wartebereich Platz zu nehmen.

„Kann ich mein Reisegepäck", ich zeigte auf meine winzige Tasche, „hierlassen?"

Er nahm mir meine Tasche ab und deutete auf eine Sitzgruppe.

Ich überflog die ausliegenden Broschüren mit gemischten Gefühlen. Hauptsächlich ging es um Hirntumoren.

Mir zog es den Magen zusammen. Ein Zitat fiel mir ein, das gut zu meiner Situation passte: „Am Ende kackt die Ente!"

Jemand erklärte mir den Weg zum EEG. Bei diesem Labyrinth kein Fehler.

Auch hier musste ich wieder warten, bis sich jemand um mich kümmerte.

Ich setzte mich auf einen verstellbaren Stuhl im „Darkroom". Die nette Haube mit den vielen Kabeln wurde mir aufgesetzt, und eine Dame erklärte mir, was nun passieren würde. Gelangweilt nickte ich.

Die Dame verließ den Raum und das EEG startete.

„Augen auf, Augen zu, zulassen."

Die bekannte Prozedur. Das einsetzende Blitzlicht war neu. Ich spürte richtig, wie meine Augen hinter den geschlossenen Lidern tanzten.

War das schlecht? Ich versuchte, das Zucken meiner Augen zu unterdrücken. Es gelang mir nicht.

Die „EEG-Frau" entkabelte mich und schickte mich ohne ein weiteres Wort zurück auf die Station.

Dort war meine Suite bezugsfertig. Ich teilte mir das Zimmer mit einem Mann, der meiner Einschätzung nach schon mehr tot als lebendig war. Gut so, dann musste ich mich schon nicht unterhalten.

Ich stellte mein Waschzeug ins Bad, den Rest ließ ich in der Tasche.

Den übrigen Tag verbrachte ich mit Rauchen, Schlafen, Essen, Lesen und ich lief im Krankenhaus herum.

Es wurden keine weiteren Untersuchungen mehr bei mir gemacht.

Aber über Nacht musste ich bleiben. Schien mir sinnlos. Aber hier ergab so vieles keinen Sinn.

Gelegentlich kam eine Schwester und schaute nach, ob mein Bettnachbar noch Puls hatte.

Das Abendessen kam dann um halb fünf. So spät, dachte ich mir. Erstaunlicherweise war das Essen hier sehr gut, ich hatte was anderes erwartet.

Gegen 22 Uhr legte ich mein Buch beiseite. Schrieb meine Gute-Nacht-Nachricht an die Frau zu Hause.

Zur Sicherheit steckte ich gleich die mitgebrachten Ohrstöpsel in die Ohren. Und versuchte zu schlafen.

Nach einer unruhigen Nacht, trotz Gehörschutz, wurde ich durch merkwürdige Geräusche geweckt.

Blinzelnd schielte ich auf die Uhr und dann durch das Zimmer.

Himmel, Arsch ... die Putzfrau. Um halb sieben am Morgen!

Spinnen die?, dachte ich mir. So fängt der Tag gut an.

Zornig drehte ich mich auf die andere Seite und schlief tatsächlich noch mal ein.

Eine Schwester kam ins Zimmer und weckte mich.

Verpeilt versuchte ich zu verstehen, was sie sagte.

Aber durch die Stöpsel im Ohr und weil ich gerade – zum zweiten Mal heute – unsanft geweckt worden war, verstand ich nicht viel. Sie übergab mir ein DIN-A4-Blatt mit Patienteninformationen.

Frisch gewaschen wanderte ich zur Etage 01. Dort wurden Röntgen- und MRT-Aufnahmen gemacht.

Anmelden, Formular ausfüllen und warten. Das Übliche. Es waren viele Wartende vor mir. Das konnte dauern. Ich versuchte etwas Schlaf nachzuholen.

„Folgen Sie mir bitte, Herr Landthaler."

Zum dritten Mal geweckt. Das war Bestleistung.

Wieder musste ich in die lärmende Röhre.

Zurück auf dem Zimmer überlegte ich mir, wann ich wohl die Ergebnisse der Untersuchungen bekommen würde.

Das Warten verkürzte ich mir mit einem Buch, so richtig konnte ich mich aber auf den Inhalt nicht konzentrieren.

Die Tür ging auf. Der Arzt, den ich schon von meinem ersten Besuch kannte, betrat das Zimmer.

„Guten Morgen, Herr Landthaler. Also, es ist ein Tumor. – Das hört sich jetzt erst mal hart an, aber lassen Sie mich erklären." Er nahm sich einen Stuhl und setzte sich zu mir ans Bett. „Wir vermuten ein Hämangioblastom. Das ist ein gutartiger Tumor, der in der Regel auch gut entfernt werden kann. Die Stelle, an der er liegt, eignet sich für eine Operation. Die genaue Art des Tumors können wir erst nach einer OP bestimmen. Eine andere Möglichkeit wäre, regelmäßige Untersuchungen und MRT-Aufnahmen zu machen, um das Gebilde zu überwachen. Der Tumor wächst momentan sehr langsam. Deswegen muss kein Stress aufkommen. Des Weiteren sollten Sie Keppra einnehmen. Das ist ein Medikament, das die Anfälle verhindern soll, da diese eventuell auch auf andere Körperteile übergreifen können. So weit alles verständlich?", fragte er mich.

Ich nickte etwas verdutzt. „Äh … ja."

„Wir machen noch ein sogenanntes Funktions-MRT", fuhr er fort, „bei dem wir die betroffene Region genauer untersuchen. Dann wird entschieden, wie wir weiter verfahren. Ich kann Ihnen aber nicht versprechen, dass Sie diese Anfälle loswerden. Durch die Raumforderung hat sich Ihr Hirn verformt. Somit können die Sprachaussetzer weiterhin auftreten."

Boom! Die Faust traf frontal.

„Ähhhh … kann ich nach Thailand reisen?"

„Fliegen ist nicht so optimal, vielleicht sollten Sie das lassen – und Autofahren auch."

Das kann er voll vergessen. Ich bin auf mein Auto angewiesen. Wegen der Schichtarbeit kann ich nicht mit dem Bus fahren. Und nach Thailand reise ich auch!

„Okay, danke. Kann ich das mit meiner Familie besprechen? Und eine Zweitmeinung einholen?"

„Selbstverständlich, Herr Landthaler. Vereinbaren Sie einen Termin bei der Ambulanz für das Funktions-MRT. Und nicht so viele Gedanken machen."

„Warum darf ich nicht Auto fahren?"

„Bei solchen Anfällen kann sich Ihre Reaktionsfähigkeit immens verschlechtern. Somit gefährden Sie sich nicht nur selbst, sondern auch andere."

Den Termin legte ich in den August, in die Zeit nach meinem Urlaub. Der Arzt hatte gesagt, der Tumor wachse langsam, da würde es auf die zwei Monate nicht ankommen.

Von den Tabletten war ich auch nicht begeistert.

Das Thema würde ich mit meiner Hausärztin besprechen, sie war auf meiner Seite.

Das Gespräch mit einem anderen Facharzt sollte vor meiner Reise stattfinden.

Ich setzte mich in mein Auto und fuhr nach Hause. Ich brauchte mein Auto, so viel stand fest.

Die Anfälle kündigen sich ja an, dann muss ich eben anhalten, bis ich wieder klar im Kopf bin. So, dann wäre das ja schon einmal beschlossen.

Meiner Familie würde die Diagnose nicht gefallen, so viel war sicher.

Die Zweitmeinung

Wieder in einem Krankenhaus. Auch dieses hatte einen guten Ruf in der Umgebung.

Ein Labyrinth aus Gängen führte meine Mutter und mich in die Neurochirurgie.

Hier musste man einen Zettel mit Nummer ziehen und warten, bis die gezogene Zahl am Display an der Wand erschien. Gutes System, wie ich finde.

Die Nummer drei leuchtete an der Anzeigetafel auf.

Schon waren wir an der Reihe.

Ein sehr junger Arzt empfing uns. Ob er schon einen Doktortitel hatte?

Ich übergab ihm die mitgebrachten CDs mit den MRT-Aufnahmen und die Berichte. Dann erklärte ich in eigenen Worten die gesamte Situation.

Ich ließ die Standarduntersuchung über mich ergehen und beantwortete nebenbei seine Fragen.

Die gesamte Prozedur unterschied sich nicht wirklich von der im BWK.

Anschließend stellten meine Mutter und ich unsere Fragen, die auch nicht viel von unseren bereits gestellten Fragen abwichen.

Deswegen wunderte es mich nicht, dass auch die Antworten sehr ähnlich waren.

Der Arzt meinte, auf den mitgebrachten Bildern könne er einen Tumor der T1-Wichtung erkennen.

Die Skala bei Hirntumoren reicht von T1 (gutartig) bis T4 (sehr bösartig).

„Man kann ihn beobachten oder, wozu ich tendieren würde, operativ entfernen. Die Entscheidung, was Sie nun machen und wo, müssen Sie selbst treffen."

Ich geh jetzt erst mal in Urlaub, dachte ich mir.

Unsere Fragen waren, naja, sagen wir mal, beantwortet.

Wir verließen das Krankenhaus.

Auf dem Weg zum Auto sagte ich: „Ich muss wohl operiert werden. Alle Ärzte raten mir zur OP. Und ich würde mich auch besser fühlen, wenn dieses Mistding aus meinem Kopf wäre."

„So sieht es wohl aus", sagte meine Mutter.

Auf dem Rückweg machten wir noch einen Stopp bei meiner Hausärztin.

Ich erklärte ihr, was die Ärzte mir gesagt hatten. Dass man sich noch nicht sicher sein konnte, was es war, aber alle eher zur Entfernung des Tumors rieten. Dass nach meinem Urlaub ein Funktions-MRT geplant sei, und danach könnte man mehr sagen.

Wir sprachen über das Medikament Keppra und ob ich es einnehmen sollte.

Beiläufig erwähnte ich meine baldige Reise zum Golf von Thailand. Und dass ich eher ein ungutes Gefühl hatte, jetzt noch mit diesem Medikament zu beginnen.

Sie stimmte mir zu, gab mir noch ein paar Reisetipps und erklärte mir, wie ich meine Reiseapotheke vervollständigen sollte.

Bangkok

Was passiert, wenn ich in Thailand einen Anfall bekomme? Wenn die Aussetzer schlimmer werden? Oder es gar zu einem epileptischen Anfall kommt? Wenn ich in ein thailändisches Krankenhaus eingewiesen werde? Oder gar nach Deutschland überführt werden muss?

Das waren die Fragen, die meiner Familie und mir durch den Kopf gingen. Aber im Gegensatz zu den Daheimgebliebenen war meine Angst wie weggeblasen, als das Flugzeug in Frankfurt vom Boden abhob.

Wenn die Ärzte wüssten, was ich in den nächsten drei Wochen meinem Körper zumuten würde, wären sie bestimmt nicht glücklich.

Der Zeitplan war straff und an Erholung erst mal nicht zu denken, denn „One Night In Bangkok" war uns zu wenig, es mussten schon drei sein.

Wir verließen den klimatisierten Flughafen und die heiße Luft schlug uns wie eine Wand entgegen.

Orientierungslos und schweißgebadet versuchte ich mir einen Überblick zu verschaffen. Der vermeintliche Taxifahrer, der uns ansprach, stellte sich dann als Chauffeur einer, wie er sagte, Limousine heraus. Entsprechend war dann auch der geforderte Preis zu unserem Hotel im Herzen Bangkoks.

Der Taxistand war eine Etage tiefer, aber woher hätten wir das wissen sollen?

Nach der Preisverhandlung platzierte der in die Jahre gekommene Mann unsere Koffer auf dem Beifahrersitz und eine wilde Fahrt durch die Millionenstadt ging los.

Das Hotel machte einen sehr noblen Eindruck.

Das verwunderte uns beide ein bisschen, wir hatten etwas anderes erwartet.

Auf dem Zimmer fuhren wir die Klimaanlage hoch und streckten dann auf dem Bett erst mal alle Viere von uns.

Puh … ganz schön anstrengend, dachte ich und schlief ein. Ich wachte auf, weil mir kalt wurde. Ganz schön verwirrend, bei einer Außentemperatur von 38 Grad.

Wir hüpften unter die hochmoderne Dusche und beschlossen, gleich eine der berühmtesten Straßen Bangkoks zu besuchen, die Khaosan Road.

Die Straße und ihre Nebenstraßen waren überfüllt von Touristen, die an den unzähligen Bars, Souvenirläden und Straßenverkäufern vorbeipilgerten.

So mischten wir uns auch unter die Menge und ließen uns im Strom der Menschen treiben. Die Eindrücke überfluteten uns. Und zumindest ich hatte nach der langen Reise Probleme, das alles zu verarbeiten.

An einer Garküche am Straßenrand suchten wir uns etwas zu essen aus. Auf den ersten Blick machte das gewählte Gericht zumindest den Eindruck, nicht allzu scharf zu sein. Wir hatten uns geirrt. Aus allen Poren lief mir der Schweiß. Die Hitze, die hohe Luftfeuchtigkeit und die Schärfe des Essens gaben sich die Hand.

Der Geschmack und der Preis hingegen waren vorzüglich.

Nach der Überhitzung ließen wir uns erst mal ein Bier bzw. einen Cocktail die Kehle entlangrinnen. Aßen unglaublich leckere Mangos und Crêpes. Und tranken noch mal ein Bier.

Was für eine Straße, dachte ich mir, so was sollte es bei uns geben.

Auf dem Rückweg machten wir noch an einem Stand Halt, der so ziemlich jedes Kriechtier in frittierter Form als Snack anbot. Skorpione, Spinnen, Maden und Heuschrecken, alles wurde frittiert und auf einen Spieß gesteckt. Ich entschied mich erst mal für eine Heuschrecke. Sie wurde in Sojasoße getaucht und anschließend noch mit einem Gewürz bestäubt.

Na dann, guten Appetit.

Was soll ich sagen? Man schmeckt nicht wirklich viel. Knusprig. Sojasoße. Fertig. Es ist Kopfsache. Aber für eklige Dinge hab ich eine Schwäche.

Ein pinkfarbenes Taxi – meine Freundin war begeistert – brachte uns für umgerechnet fünf Euro durch die ganze Stadt.

Wie tot fielen wir ins Bett und innerhalb einer Minute waren wir im Land der Träume.

Der Wecker riss uns aus unserem dringend benötigten Schlaf. Die Temperatur im Zimmer war wieder etwas frisch. Nicht dass wir uns noch erkälten, dachte ich.

Heute stand Sightseeing auf dem Programm, und zwar den ganzen Tag. Die Sonne brannte jetzt schon ohne Gnade auf die Straßen der Stadt, die die Hitze reflektierten.

Angekommen am Grand Palace, dem Königspalast, und am Wat Phra Kaeo, dem Tempel des Smaragd-Buddhas, reihten wir uns in die Schlange der unzähligen Touristen. Die Thai legen Wert darauf, dass man die Tempel nur mit bedeckten Beinen betritt. Also mussten wir uns erst mal eine Leihhose bzw. einen Leihrock am „Ahnungslosen-Schalter" abholen. Die gesamte Tempelanlage war wunderschön, so etwas hatten wir noch nie gesehen.

Kunst, Buddhas, Verzierungen und Schnörkel, wo das Auge hinblickte. Das Highlight war der Smaragd-Buddha.

Die recht kleine Statue ist sehr schön und aufwendig gefertigt. Nur der Name ist etwas verwirrend, da die Figur nicht aus Smaragd, sondern aus Jade besteht. Unglaublich beeindruckend.

Unglaublich war auch, dass es hier überhaupt keinen Schatten gab. Die Sonne stand im Zenit.

Wir gingen weiter zum Königspalast. Ein sehr imposantes Gebäude, das heute für Staatsempfänge dient.

Auf dem Weg zum Wat Pho, einem Tempel, in dem eine vergoldete Buddha-Statue zu sehen ist, tranken wir zum ersten Mal in unserem Leben frisches Kokoswasser. So etwas Erfrischendes habe ich noch nie erlebt. Selbst bei dieser Hitze schaffte es der Saft, den Körper abzukühlen.

Auch der liegende Buddha durfte nur mit bedeckten Beinen und Schultern besichtigt werden.

Nadine bekam einen „wunderschönen" grünen Umhang.

Aber ich glaube, das war ihr der Anblick der riesigen goldenen Figur wert.

Wir schlenderten durch die Straßen Bangkoks, mit unserem Stadtplan in der Hand, als uns ein Mann ansprach. Er erklärte uns, wo man unbedingt hinmüsse und wo eher nicht. Auch einen persönlichen Fahrer legte er uns ans Herz. Schon war das Tuk Tuk da und wir saßen auf der Rückbank eines der legendären thailändischen Rollerfahrzeuge.

Eigentlich wird vor Geschäften mit diesen Fahrern gewarnt, aber für die paar Euro würde das schon passen.

So dachten wir zumindest. Das sollte sich später noch als Irrtum herausstellen.

Wir fuhren mit dem schnatternden offenen Gefährt durch die Straßen von Bangkok. Ein paar Mal hatten wir Angst um unser Leben. Hier kennt man das Wort Verkehrsregeln nicht. Unser Fahrer brachte uns zu ein paar Tempeln, die wir nur von außen sahen, die aber trotzdem beeindruckend waren.

Nach zwei Stunden Rundfahrt erklärte uns der Fahrer in einer Mischung aus Englisch, Deutsch und Zeichensprache, dass heute ein besonderer Tag sei und die Fahrt deswegen so wenig koste. Wir müssten nur in einer Anzugschneiderei einen Tankgutschein abholen, den wir dann wiederum ihm geben sollten.

Aha … das war es also, wovor man sich bei den Tuk-Tuk- Fahrern in Acht nehmen sollte. Sie boten an, uns günstig durch die Stadt zu fahren, unter der Bedingung, einen Schneider zu besuchen.

Wir waren uns einig, dass wir uns nichts andrehen lassen würden. Gelangweilt drehten wir eine Runde im Geschäft, das bis unter die Decke mit Anzügen voll war. Ein Angestellter fing uns ab und verwickelte uns in ein

Verkaufsgespräch. Ich erklärte ihm, dass ich hier nichts kaufen würde und wir nur diesen Gutschein für unseren Fahrer brauchten. Er machte uns klar, dass es den Gutschein nur gab, wenn wir etwas kauften.

Und tschüss. Wir verließen, merklich sauer, den Laden. So schnell wie möglich wollten wir hier weg, aber unser Chauffeur war nicht aufzufinden. Auch nach 15 Minuten war er immer noch nicht da.

Der kommt nicht wieder, wurde uns klar. Der hat gemerkt, dass er von uns keinen Gutschein bekommt und ist abgehauen.

Naja, was soll ich sagen? Wir stritten uns, wer jetzt Schuld an diesem Unglück hatte und wie es dazu gekommen war. Außerdem fanden wir keinen Taxifahrer, der uns für einen annehmbaren Preis zurück zum Hotel brachte. Nach weiteren 20 Minuten war es uns dann zu blöd und wir nahmen ein völlig überteuertes Taxi.

Nach einem Nickerchen machten wir uns auf in das Nightlife-Viertel Patpong. Dort schlenderten wir über den Markt in der Mitte der Straße. Die Stände waren voll mit Klamotten, Gürteln, Uhren und Taschen. Rechts und links des Marktes befanden sich Go-go-Bars. Das mussten wir – oder besser gesagt: ich – natürlich sehen. Unschlüssig, in welchen Schuppen wir gehen sollten, schlenderten wir die Straße noch mal hoch und runter, um uns einen auszusuchen.

Wir betraten eine Bar. Ein Kellner wies uns einen Tisch zu und wir bestellten etwas zu trinken. In der Mitte des Raumes war ein Podest, auf dem ca. 20 junge Mädchen tanzten. Die Miene der fast nackten Damen verriet, dass sie dazu überhaupt keine Lust hatten, und dementsprechend waren ihre Bewegungen steif und lustlos. Auch mir gefiel es nicht wirklich. Wir tranken aus und verließen die Bar.

So, jetzt stand noch die „Ping Pong Show" auf unserer To-do-Liste. Wir betraten einen ziemlich heruntergekommenen Club mit Namen „Super Pussy". Es waren kaum Gäste in diesem Etablissement. Die Getränke waren sehr teuer, und wie ich feststellen musste, war die Show nicht im Preis inbegriffen. Ach, was soll's? Ich buchte mir eine der Damen, die sogleich auf der Bühne loslegte. Nadine schaute sich das Spektakel aus sicherer Entfernung an …

Schweigend verließen wir nach der Show das Lokal, gingen die Treppe hinunter und traten wieder auf die touristengefüllte Straße.

„Was für ein krasser Scheiß", sagte ich.

Nadi war sprachlos und in Gedanken versunken.

Jetzt erst mal ein Drink. Eine „normale Bar", in der eine Rockband live spielte, sagte mir zu. Wir bestellten Cocktails und witzelten über das Gesehene.

In einer Bar auf der anderen Straßenseite saßen ein paar sehr maskulin aussehende Frauen. Auch dafür ist Thailand bekannt: die Ladyboys. Oben Frau und unten Mann. Naja, ich war nicht so scharf darauf, mit ihnen Bekanntschaft zu machen.

Beim Frühstück am nächsten Morgen beschlossen wir, den Tag in den klimatisierten Shoppingmalls zu verbringen. Die Hitze war für uns beide die Hölle. An diesem Tag dachte ich zum ersten Mal wieder an den kleinen, unerwünschten Freund in meinem Kopf. Keine Sprachstörungen und kein Kribbeln im Gesicht, bis jetzt. Gut so, so konnte es weitergehen.

Im noblen Siam Paragon Shoppingcenter kann man alles kaufen, was das Herz begehrt. Der Food Court im Tiefgeschoss ist der Hammer. Hier gibt es von allem etwas, vom feinen Teestübchen bis zum Steakhouse. Im „Keller-Keller" – ich hatte den Überblick verloren, wo ich genau war – befinden sich dann auch noch ein Sea-Life und ein Madame Tussauds. Aber das ließen wir aus. Das gibt es in Deutschland auch.

Schon waren drei Viertel des Tages vorbei. Auf dem Rückweg beschlossen wir, heute Abend China Town zu besuchen. Es war schon unser letzter Abend in Bangkok, morgen früh ginge es weiter nach Koh Samui.

Wir stiegen am großen Tor aus, das den Eingang nach China Town anzeigt. Ein wirklich sehr beeindruckendes Viertel. Überall waren Garküchen und kleine Geschäfte.

Vielleicht bekomme ich hier einen getrockneten Hund zu essen, dachte ich. Ja, immer diese Vorurteile.

Wir sahen uns die weltgrößte massive goldene Buddha-Statue an. Ein netter Mann erzählte uns etwas über sie und gab uns ein paar Tipps, was wir noch anschauen sollten. Er wollte nichts verkaufen und beklaut wurden wir auch nicht. Damit war auch unser Vorurteil widerlegt, dass jeder, der eine Führung oder ein Andenken anbietet, uns irgendwie übers Ohr hauen will.

Die getrockneten Enten in den Fenstern ekelten und faszinierten uns zugleich. An einer Garküche bestellten wir etwas zu essen. Ich sagte extra, dass wir es nicht so scharf mögen. Das wurde wohl nicht verstanden oder mit Absicht überhört. Der Schweiß lief mir in Strömen das Gesicht hinab. Noch nie im Leben habe ich so eine scharfe Suppe gegessen.

Nein, die Schärfe und ich werden wohl nie Freunde.

Der Geschmack jedoch war super, nur konnte ich ihn irgendwie nicht genießen.

Im Taxi dachte ich, diese Stadt kommt nie zur Ruhe. Und genau das brauchte ich jetzt. Ruhe und Erholung.

Wir packten unsere Sachen zusammen und legten uns schlafen. Morgen sollte es auf die Insel Koh Samui gehen.

Koh Samui

Im Gleitflug ging es in Richtung Traumurlaub. Die Insel Koh Samui mit ihren wunderschönen Stränden lag vor uns.

Wenn das Flugzeug nicht stark genug bremst, landet es im Meer, dachte ich, als ich die kurze Landebahn sah. Aber alles ging gut. Der Flughafen bestand aus ein paar offenen Holzhütten. Einfach klasse.

Unsere Koffer fuhren schon auf dem winzigen Transportband auf uns zu. Nur noch die Passkontrolle und wir hatten es geschafft. Wir ergatterten in dem Durcheinander aus Menschen ein Taxi und nannten die Adresse unseres Hotels. Die Ringstraße, auf der wir fuhren, führte einmal um die komplette Insel. Was wir auf der Fahrt schon alles zu sehen bekamen, erstaunte mich. Die schmalen kaputten Straßen, die heruntergekommenen Häuser und Geschäfte und die Kokosplantagen. So hatte ich es mir vorgestellt.

Das Taxi hielt an unserem Hotel. Die Koffer wurden uns abgenommen und zur Rezeption gebracht.

Jetzt konnte der Urlaub beginnen.

Wir wurden mit einem kleinen, kalten Getränk empfangen. Auch gekühlte Tücher wurden uns gereicht.

Ohhh, das tat gut. Nachdem der schriftliche Kram erledigt war, brachte man uns zu unserer Blockhütte.

Die ersten Eindrücke überwältigten uns. Die Palmen, die Bungalows, der Strand und das Meer, auf das wir auch schon einen kurzen Blick werfen konnten. Die kleinen Häuschen waren sehr schön und einfach eingerichtet. Ein hübsch hergerichtetes Bett, Kühlschrank, Fernseher und Klimaanlage. Und auch im Bad gab es alles, was man braucht. Der Stil der Einrichtung war super, ich fühlte mich gleich wohl.

So, und jetzt raus aus den verschwitzten Klamotten und ab ins Meer bzw. in den Pool.

Das Meer war traumhaft. Wir konnten 30 Meter weit flach hineingehen und das Wasser reichte uns nur bis zur Hüfte. Dort dümpelten wir sehr lange und betrachteten unsere schöne Hotelanlage.

Ist das Leben nicht herrlich? Alles war vergessen, der Reisestress, die Daheimgebliebenen und auch der Tumor spielten JETZT keine Rolle.

Wieder am Strand, bestellten wir uns erst mal etwas zu trinken. Den restlichen Nachmittag verbrachten wir mit Chillen und Baden.

Hier wurde es schon recht früh dunkel, deswegen gingen wir, als es zu dämmern anfing, aufs Zimmer, um uns zu duschen und umzuziehen.

Die Straße rechts und links unserer Unterkunft war mit Restaurants, Bars und kleinen Läden bebaut. Das ist ja klasse, dachte ich mir.

Auf der Suche nach dem Food Court stoppten wir an einigen Läden und begutachteten die Waren. Hier gab es so ziemlich alles. Von Klamotten über Schmuck und Thailandsouvenirs bis Angelequipment. Alles nichts für mich. Wir waren schließlich nicht zum Shoppen hier.

Die Strecke zur „Futtermeile" war doch länger als im Internet beschrieben. Das machte dann die Essensauswahl wieder gut. Sie war fast zu groß. Es gab alles, von Meeresfrüchten und typischen Thaigerichten bis Burger und Pizza. Hier würden wir bestimmt öfter essen.

Am nächsten Tag, nach einem hervorragenden Frühstück, machten wir es uns am kleinen Pool unseres Hotels bequem, der von Palmen umgeben war.

Wir planten unser restliches Urlaubsprogramm, nachdem wir die Flyer studiert hatten, die auf unserem Zimmer auslagen. Das Programm sah so aus: Entspannen, Fußmassage, Baden, Around the Island Tour, Barbesuche, gutes Essen und eine Bootstour zum Ang Thong Marine National Park.

Wir starteten mit Entspannen und Baden. Abends testeten wir diverse Restaurants und Bars. Cocktails können die Thai machen, mein lieber Freund.

Fußmassagen zogen die Frauen förmlich an, so auch meine. Ich testete eine Ganzkörper-Thaimassage und werde diese Prozedur nie wieder freiwillig wiederholen. Die Masseurin verbog mich wie eine Brezel, drückte mit voller Kraft ihre knochigen Hände in meine Muskeln und kugelte mir fast die Arme aus. Das war nicht schön. Meine Freundin war total entspannt, als wir den Massagetempel verließen. Ich steuerte die nächste Bar an, bestellte einen Mai Tai und hoffte, die Schmerzen würden nachlassen.

So vergingen die Tage wie im Flug. Für den nächsten Tag war die sechsstündige Inselrundfahrt gebucht. Im Nachhinein muss ich sagen, vier Stunden hätten auch gereicht.

Wir fuhren alle sehenswerten Orte der Insel an. Dazu gehört der Big Buddha im Tempel Wat Phra Yai. Die goldene Statue ist zwölf Meter hoch und thront auf einer Plattform. Wenn man diese über Treppen bestiegen hat, kann man die Nordspitze der Insel sehen. Flugzeuge donnerten hier im Landeanflug über unsere Köpfe hinweg.

Weiter ging es zum chinesischen Tempel Wat Plai Laem. Die 18-armige weibliche Mönchsstatue Yao Mae Kuan Im und der riesige chinesische Buddha sind die Highlights der Tempelanlage. Ich hatte nicht mal gewusst, dass es unterschiedliche Buddhas gibt.

Die nächste Station war der Grandmother und der Grandfather Rock (Hin Ta und Hin Yai) am Lamai Beach. Diese Felsen ähneln einem weiblichen und einem männlichen Geschlechtsteil. Es gibt dazu auch eine Legende. Sie besagt, dass an dieser Stelle ein Pärchen zu Stein geworden sei. Ich glaube, sie soll nur Touristen anlocken, die ihr Geld dann an den Souvenirständen ausgeben.

Nachdem die Gruppe wieder im Bus war, fuhren wir zu einer Kokosplantage. Hier konnte man Affen zusehen, wie sie Kokosnüsse pflückten. Das war früher wohl eine übliche Methode, um die Nüsse zu ernten. Heute macht man das anscheinend mit langen Stangen.

Auf den nächsten Stopp freute ich mich am meisten: die Na Muang Wasserfälle. Der Reiseleiter rief uns an einem schattigen Plätzchen zusammen. Er erklärte, dass man die Wasserfälle zu Fuß durch den Dschungel erreichen kann. Und es bestehe die Möglichkeit zum Elefantentrekking.

Das muss ich probieren, dachte ich mit einem Grinsen im Gesicht, einen Elefanten reiten. Hüa Dumbo!

Plötzlich wurde die Stimme des Reiseleiters dumpf. Meine Wange fing an zu kribbeln.

Fuck, dachte ich, ein Anfall.

Ich versuchte, leise meinen Kontrollsatz zu sagen, aber es kam nur Wirrwarr aus meinem Mund. Ich wollte

Nadine mitteilen, was los war, ohne groß Aufsehen zu erregen, und flüsterte ihr ins Ohr: „Ich – Anfall habe. Name – Marcel – ist. Sitzen bleiben – will."

Sie schaute mich verwirrt an. Ich hatte wohl zu leise geflüstert. Nachdem sie mich genauer angesehen hatte, war ihr klar, dass ich einen Anfall hatte. Wir blieben sitzen. Die Gruppe ging ohne uns zu den Wasserfällen.

Nach fünfzehn Minuten holte ich tief Luft, umarmte Nadine und sagte: „Alles wieder gut. Keine Angst."

„Wirklich? Sollen wir hierbleiben, bis der Bus weiterfährt? Trink erst mal was."

„Ja, es ist wieder gut. Bleiben wir noch kurz sitzen, dann laufen wir zu dem Wasserfall. Zum Elefantenreiten haben wir leider keine Zeit mehr."

Wir machten uns auf in Richtung Dschungel. Der Weg war steil und nicht wirklich befestigt. Normal fuhr man mit einem Pick-up nach oben. Wir entschieden uns, zu laufen. Über Holzstege, die ziemlich unstabil aussahen, ging es weiter den Berg hinauf. Der Wasserfall führte wenig Wasser, da es schon seit Langem nicht mehr geregnet hatte. So war die ganze Sache recht unspektakulär.

Die Luft bei uns beiden war raus und so machten wir uns wieder auf den Rückweg.

Kurz vor dem Parkplatz waren noch ein paar Elefanten in einem Gehege, auch ein Baby-Elefant war unter ihnen. Er ließ sich nur mit einer Banane von der Mutter weglocken. Unsere Stimmung hob sich ein wenig. Wir kauften noch ein paar kleine Bananen und fütterten die Tiere.

Die nächste und letzte Station war der mumifizierte Mönch im Wat Khunaram Tempel. Auch darauf hatte ich mich sehr gefreut. Der Mönch war 1973 während einer Meditation gestorben, seitdem wird er in einem Glaskasten zur Schau gestellt. Er hat schon zu seinen Lebzeiten vorhergesagt, dass sein Körper nicht verwesen wird, und er sollte recht behalten. Seine Augen sind von einer modernen Sonnenbrille verdeckt. Das macht ihn noch cooler. Ich glaube, einige Touristen ekelten sich etwas vor ihm, ich hingegen war fasziniert von der Mumie.

Endlich ging es zurück zu unserem Hotel. Ich war völlig erschöpft. Der Anfall, der Wechsel zwischen heißer Außentemperatur und klimatisiertem Auto und die lange Tour hatten mich müde gemacht. Im Hotel angekommen gingen wir in den Pool und entspannten uns auf den Liegen. Heute würden wir das Hotel nicht mehr verlassen. Wir aßen am schönen Strand und tranken später noch ein paar Bier auf unserer Terrasse.

Am nächsten Morgen riss uns der Wecker schon um sechs Uhr aus dem Schlaf. Die Bootstour in den National Park stand an. Das Frühstück bei einem wunderschönen

Sonnenaufgang war traumhaft. Das Meer lag ganz ruhig da, es war noch kein Lärm von Fischerbooten zu hören.

Hier könnte ich sitzen bleiben und einen Kaffee nach dem anderen trinken.

Aber der Kleinbus wartete schon auf uns. Er brachte uns zur Bootsanlegestelle. Unser Guide verpasste uns rosa Armbänder, damit wir nicht verloren gehen und unsere Gruppe wiederfinden würden. Er erklärte uns den Tagesablauf: Schnorcheln an einer fischreichen Bucht, Spazierfahrt zwischen den 42 Inseln des Nationalparks, Stopp bei einer Insel mit Salzwasserlagune, Besuch eines Inseldorfes mit Mittagessen und schließlich Baden, Entspannen und Kajakfahren.

Schon zu Hause hatten wir uns mit Schnorchel und Unterwasserkamera ausgestattet. Die Schwimmweste, die empfohlen wurde, verweigerte ich gleich. Wie sollte ich denn mit der Weste tauchen? Ein guter Schwimmer bin ich zwar nicht, aber alles, was unter Wasser abläuft, habe ich sehr wohl im Griff. Auch hatte ich, dank des Tipps von meinem Bruder, Bananen aus dem Hotel mitgenommen. Das lockte Tausende Fische an, die sich um das Futter stritten. Wir machten tolle Unterwasserfotos, einzigartige Aufnahmen.

Die Rundfahrt war auch beeindruckend. Es gab Inseln in jeder Größe und Form. Traumhafte Strände und einsame Buchten waren zu sehen. Hier könnte man schöne Dinge machen.

Das Boot hielt an einer Insel mit einer Salzwasserlagune in ihrem Inneren. Über Treppen stieg ich zum Aussichtspunkt hinauf, während Nadi im Schatten entspannte. Ein atemberaubender Ausblick über die Lagune bot sich mir, auch die umliegenden Inseln waren toll zu sehen. Der Abstieg war schwerer als gedacht.

Das gibt bestimmt Muskelkater.

Völlig verschwitzt kam ich unten an und bat hechelnd um Wasser. Jetzt wäre ein Mittagsschlaf gut. Aber es ging gleich weiter zu der Fischerinsel. Über ein Kanalsystem, das die Bewohner von Hand gegraben hatten, gelangten wir an den Ankerplatz. Wir stiegen vom Boot und wurden direkt in ein Restaurant geführt. Das Essen war schon vorbereitet, man erwartete uns. Es gab eine Auswahl von Meeresfrüchten, Curry und Thaisuppe. Klasse, das Essen schmeckte einfach klasse. So natürlich und frisch. Anschließend machten wir einen Verdauungsspaziergang über die Insel. Es schockierte mich, unter welchen Umständen die Menschen hier leben müssen. Blechhütten, keine befestigten Straßen und überall Müll. Aber an jeder Hütte eine Sat-Schüssel. Dann kann es nicht so schlimm sein.

Nach etwa eineinhalb Stunden ging es dann weiter. Wir fuhren eine Insel mit schönem Strand an. Hier konnten man baden und Kajaks ausleihen. Nach der Erkundungstour besorgten wir uns ein Kanu.

Nach ein paar Startschwierigkeiten klappte das synchrone Paddeln ganz gut. Entlang der steilen Felsküste ging es in Richtung eines unterspülten Felsens. Er sah von Weitem so aus, als müsse man ihn nur antippen und er falle um. Auch die Entfernung unterschätzten wir. Aber wir zogen es durch. Wir umrundeten den Felsen und stellten fest, dass er noch ganz stabil im Meer stand. Wieder am Strand angekommen waren wir ziemlich erschöpft. Die Anstrengung würden wir bestimmt noch ein paar Tage in unseren Armen spüren.

Auf der Rückfahrt flatterte mein T-Shirt über Bord. Aber mit Verlusten ist immer zu rechnen.

Diesen Tag werden wir beide nie vergessen. Was für schöne Orte es doch auf der Welt gibt.

Die nächsten Tage verbrachten wir mit Entspannen. An einer Strandbar konnte man Cocktails in kleinen Eimern bestellen. So schlürften wir gemütlich auf unserer Liege am Strand zwei bis vier Eimer Long Island Iced Tea und brachten dementsprechend einen Rausch mit aufs Hotelzimmer. Den folgenden Tag blieben wir mit Kater im Bett. Ja, das muss auch mal sein.

Der Abreisetag kam immer näher und mit ihm auch die Realität. Die verdrängte Realität, dass ich krank bin. Dass mir vermutlich eine Hirnoperation bevorstand. Alles holte mich wieder ein.

Die letzten zwei Tage nutzten wir noch mal richtig zum Sonnenbaden und Relaxen.

In Deutschland angekommen erfroren wir fast am Bahnsteig. Himmel, Arsch ... das war ein Temperaturunterschied von gefühlten 40 Grad.

Dafür waren wir schön braun und erholt.

Funktions-MRT

Es vergingen noch vier Monate, bis ich einen Termin für das Funktions-MRT bekam. Okay, das lag auch an einem Defekt des Geräts.

Die Zeit bis dahin verlief anfallsfrei. Und auch das Thema Hirntumor kam kaum noch auf. Ich verhielt mich privat und bei der Arbeit, als ob nichts wäre. Alles war so wie früher, vor der Diagnose. So hätte ich eigentlich problemlos weiterleben können. Aber davon rieten die Ärzte ja ab.

Ich lag auf der Liege, die gleich in den Bauch des Rumpelgeräts fahren würde. Man erklärte mir, was mich gleich erwartete bzw. was ein Funktions-MRT ist: ein Verfahren, bei dem man dem Gehirn bei der Arbeit zusehen kann. Über einen Bildschirm werden Gegenstände angezeigt, deren Namen ich dann „sagen" muss. Eigentlich muss ich den Begriff nur denken. So erkennt das Gerät, welche Hirnregion arbeitet und ob sie richtig funktioniert. Bei diesen Aufgaben wird gezielt das Sprachzentrum stimuliert, wo die Anfälle meine Sprachstörungen auslösen. Auch muss ich beim MRT z. B die Hände auf und zu machen, wenn eine geschlossene oder geöffnete Hand angezeigt wird. Das wird pauschal mitgetestet.

Ich fuhr in die beengende Röhre. Mir wurde wieder das Gestell über den Kopf gestülpt, mit dem Unterschied, dass dieses Mal ein Spiegel mit eingebaut war. So konnte ich im Liegen auf den Bildschirm schauen, der hinter dem Gerät stand.

Es ging los. Auf dem Schirm erschien ein Text mit Anweisungen. Ich konnte ihn nicht lesen. Meine Brille war mir abgenommen worden und hier konnte man nur spezielle MRT-geeignete Brillen tragen. Ich sagte, dass ich es mal ohne Leihbrille versuchen würde, und kniff die Augen zusammen, aber ich erkannte nichts. Die Aufgaben fingen an, ich machte irgendwas. Okay, das war sinnlos. Ich rief dem Bediener zu, dass er mir eine Brille bringen solle. Noch mal von vorne. Wieder erschien die Aufgabenstellung, wieder konnte ich sie nicht lesen.

„Hallo, Meister", rief ich dem Bediener zu. „Das Bild steht auf dem Kopf. So kann ich es auch nicht lesen."

Er kam, brachte an meinem Gestell noch einen Spiegel an und verschwand wortlos.

Und noch mal. Jetzt konnte ich die Aufgabe lesen:

„Sie sehen ein Bild. Denken Sie sich Begriffe, die dazu passen."

3 … 2 … 1 … Ein Haus erschien.

Hmm ... was passt dazu?, überlegte ich. Familie, wohnen, bauen, schlafen. Schon kam das nächste Bild. Ein Auto. Fahren, tanken, Opel, Unfall. Schon war es wieder weg.

Mache ich das richtig?

Es folgten noch vier ähnliche Aufgaben, bevor ich wieder nach draußen fuhr.

Auf der Station besprach ich das Ergebnis mit dem Arzt, der mir die Tumordiagnose gestellt hatte.

„Im Bereich der Raumforderung zeigt sich nur wenig Aktivität im Sprach- und Wortverständnis."

„Soll heißen?"

„Im Bereich des Tumors war während der Aufgaben keine Aktivität zu sehen. Nur wenn Sie einen Anfall hätten, könnten wir etwas auf den Aufnahmen erkennen. Das ist gut", erklärte er mir. „Haben Sie sich schon entschieden, ob wir operieren sollen?"

„Ja. Auch der Doktor von der Uni hat zu einer Entfernung des Tumors geraten. Sie sind auch noch dafür?"

„Ich denke, es wird das Beste sein. Sie sind noch so jung und werden die Operation gut wegstecken."

„Okay, so soll es sein. Der Tumor wird rausgeschnippelt!", sagte ich entschlossen.

Wir vereinbarten einen Termin für den 31. August 2016. An diesem Tag sollten der Check-in und ein erneutes MRT stattfinden. Operiert würde dann an 1. September.

„Wie lange muss ich im Krankenhaus bleiben?"

„Das ist schwer zu sagen. Wenn alles gut läuft, denke ich, so zehn bis zwölf Tage."

„Okay, das geht ja noch. Ich nehme noch kein Keppra. Muss ich das vor der Operation noch einnehmen?"

„Ja, unbedingt. Ihr Körper stellt sich auf das Medikament ein und verhindert die Anfälle. Ihr Gehirn soll auf keinen Fall vor der OP gereizt sein. Nehmen Sie zweimal 250 mg pro Tag, das sollte genügen. Und bitte zehn Tage, bevor Sie zu uns kommen, kein Aspirin oder Ibuprofen."

Wir verabschiedeten uns. Beim Gehen fragte ich noch: „Wer operiert mich eigentlich? Lerne ich den Arzt noch kennen?"

„Das mache ich", sagte er mit einem Grinsen im Gesicht, „das ist Chefsache."

Das beruhigte mich, da ich ihn für einen sehr kompetenten Arzt hielt. Durch seine Erscheinung und seine ruhige, sachliche Art hatte er mein Vertrauen gewonnen.

Ein Monat vor der Operation

Bis jetzt waren nur meine Familie und die Eltern meiner Freundin eingeweiht. Meine besten Freunde und auch meine Arbeitskollegen wussten noch nichts. Ich wollte nicht, dass sie mir immer Fragen stellten oder mich gar bemitleideten. Es sollte auch nicht das halbe Dorf wissen, was mit mir los war. So etwas macht auf dem Land schnell die Runde. Deswegen zog ich den Tag der Bekanntgabe so weit hinaus wie möglich.

Doch jetzt war die Zeit gekommen, die Menschen, die mir etwas bedeuten, einzuweihen. Ich lud alle zu mir nach Hause ein. Es war ein paar Tage nach meinem Termin im BWK, ein warmer Sommerabend. Wir saßen im Garten, tranken Bier und unterhielten uns über Gott und die Welt.

Als alle Gespräche für einen Moment verebbten, ergriff ich das Wort: „Schön, dass ihr alle gekommen seid. Es gibt auch einen Grund für unser Zusammenkommen. Ich werde an einer Expedition zum Mars teilnehmen." Ich lachte und blickte in verwirrte Gesichter. „Nein, Spaß beiseite. Bei mir wurde ein Hirntumor festgestellt. In einem Monat wird er operativ entfernt. Es ist vermutlich ein gutartiger Tumor. Genaues kann man erst sagen, wenn das Gewebe untersucht worden ist." Ich hielt kurz inne, um zu überlegen, wie ich das erklären sollte. „Ich habe seit Monaten immer wieder Sprachaussetzer. Wenn ich diese Anfälle bekomme, kann ich keine Sätze mehr bilden. Ich vertausche die Wortreihenfolge, und was ich sage, ergibt keinen Sinn mehr. Das Ganze dauert meistens ein bis zwei Minuten. Währenddessen fühle ich mich ganz komisch. – Das kann ich euch gar nicht beschreiben. Ich habe in letzter Zeit einige Untersuchungen über mich ergehen lassen, mit dem Resultat, dass eine Operation das Beste für mich ist."

Ich beendete meine Ansprache und schaute in schockierte Augen.

„Scheiße, Marci!"

„Das tut mir leid."

„Warum hast du nichts gesagt?"

„Oh je." So waren die Reaktionen.

„Macht euch keine Sorgen. Da sind nur Spezialisten am Werk. Es wird alles gut gehen."

Ich war selbst über diese Aussage erstaunt. Denn am meisten Schiss hatte ich. Doch ich wollte die anderen beruhigen.

Wir sprachen noch weiter über das Thema und ich beantwortete geduldig viele Fragen.

Am nächsten Tag sprach ich mit meinem Vorgesetzten bei der Arbeit. Auch er war schockiert. Klar, ihm würde ein Mitarbeiter fehlen. Aber er sah wirklich bedrückt aus.

„Ich kann dir noch nicht sagen, wie lange ich krank bin."

„Mach dir darüber keine Sorgen. Werde erst mal wieder gesund, das ist das Wichtigste."

Sein Verständnis beruhigte mich sehr.

Auch meinen Kollegen, zumindest denen, die ich zu meinen Freunden zähle, sagte ich, was mir bevorstand. Ich bat sie darum, die Geschichte nicht an die große Glocke zu hängen.

Am folgenden Samstag beschloss ich, mir eine Glatze zu rasieren. Ende des Monats blühte mir das sowieso. Ich wollte das schon lange Mal machen, aber meine Freundin war dagegen gewesen.

Jetzt schien es mir passend.

Der Langhaarschneider pfiff aus dem letzten Loch. Zum Killen einer solchen Haarpracht war das Gerät nicht ausgelegt. Nach einem langen Kampf war die Matte unten. Ach, was soll's?

Ich zog den Nassrasierer über meine Rübe. Wenn schon, denn schon. Der Bart, den ich mir in den letzten Wochen hatte wachsen lassen, blieb dran.

So schlecht fand ich das Ergebnis gar nicht. Um ehrlich zu sein, fand ich es richtig geil.

Die nächsten Wochen versuchte ich, so wenig wie möglich an die Sache zu denken. Ich unternahm viel mit meinen Freunden und lenkte mich generell ab, sodass meine Gedanken eigentlich nie zum Tumor abdrifteten.

Ende August stand noch unser alljährlicher Besuch auf dem Summer Breeze Festival an. Das war für mich noch ein kleines Highlight vor dem Krankenhausaufenthalt. Ich hatte zwar Angst, dass ich wieder einen Anfall bekommen könnte, ließ mich davon aber nicht abhalten, noch mal richtig Party zu machen.

Jetzt im Nachhinein betrachtet war es quasi ein Wunder, dass ich anfallsfrei geblieben bin. Der ganze Ablauf auf so einem Festival ist Gift für kranke Menschen.

August, brütende Hitze, kaum Schatten. Menschengedränge ohne Ende, Alkohol in rauen Mengen und von ausreichend Schlaf konnte nicht die Rede sein. Die Lautstärke, wenig Wasser- und viel Alkoholkonsum waren in meiner Situation auch nicht zu empfehlen.

All diese Dinge blendete ich aus. Wir betranken uns schon mittags, standen direkt neben den Boxen und ein paar Stunden Schlaf mussten genügen. So ging das vier Tage lang.

Ich bin froh, dass ich mitgegangen bin, und würde es auch genauso wieder tun, obwohl es grob fahrlässig war.

Vorbereitung

Man gab mir ein Zimmer direkt neben dem Aufenthaltsraum der Schwestern. Die Oberschwester wollte mich im Blick haben.

Warum auch immer.

Mein Gepäck war recht spärlich: zwei Jogginghosen, ein paar T-Shirts und Unterwäsche. Ich packte meine Sachen aus und legte mich ins Bett.

Mein Bettnachbar war ein älterer Mann, ich kann mich nicht mehr daran erinnern, was ihm fehlte.

Es war noch früh am Morgen und die Visite war noch unterwegs. Die Ärzte betraten mein Zimmer. Sie sagten dem Mann, dass er bald nach Hause dürfe.

Der hat's gut, dachte ich mir.

„Guten Morgen, Herr Landthaler. Wie geht es Ihnen?

„Morgen. Gut so weit. Ich habe eine Rippenprellung. Kleiner Unfall auf einem Konzert. Es tut ziemlich weh. Ist das ein Problem?"

„War das Konzert gleich so heftig?", witzelte ein Arzt.

„Nehmen Sie Schmerzmittel?", fragte ein anderer.

„Ja. Ich habe meiner Hausärztin aber gesagt, was mir bevorsteht und dass ich kein Ibuprofen nehmen darf. Sie hat mir Berlosin verschrieben. Das ist anscheinend vor einer Operation ein geeignetes Schmerzmittel."

„Das passt. Wir machen später noch mal eine MRT-Aufnahme und Sie haben ein Gespräch mit dem Narkosearzt. Morgen wird dann operiert. – Bis morgen früh, Herr Landthaler."

Jetzt lag ich hier in meinem Bett und wartete, was passieren würde. Ich war überhaupt nicht nervös und verspürte auch keine Angst. Das wunderte mich etwas.

Die Tür ging auf. Es war die Schwester, die das Mittagessen brachte. Schweinebraten mit Nudeln und Gemüse. Ich aß voller Appetit.

Endlich wurde ich zum MRT geschickt. Die Schwester wollte mir erklären, wo ich die Radiologie finde. Ich unterbrach sie und sagte, dass ich mich bestens auskenne.

Also wieder in die laute Röhre. Nach einer Dreiviertelstunde Wartezeit wurde ich endlich aufgerufen. Ich legte mich auf die Liege und streckte meinen Arm unaufgefordert dem Krankenpfleger entgegen. Der stöpselte mich an die Kontrastmittelinfusion an. Die bekannte Prozedur fing an. Ich versuchte zu dösen.

Nach einer halben Stunde war alles vorbei. Ob sich etwas verändert hatte oder nicht, würde mir erst später mitgeteilt werden. Ich ging in die Umkleidekabine, verstaute meine Habseligkeiten wieder in den Hosentaschen und machte mich auf den Weg zum Rauchen. Seit ungefähr sechs Wochen war ich auf E-Zigaretten umgestiegen. Sie sind billiger und in meiner Situation nicht so gesundheitsschädlich. Es gibt unzählige Geschmackssorten und auch den Nikotingehalt kann man gut reduzieren. So war ich schon auf ein Minimum des Suchtmittels runtergefahren. Auf halber Strecke zum Raucherbereich dachte ich mir: Jetzt ist eigentlich der beste Zeitpunkt, um komplett damit aufzuhören.

So machte ich kehrt, ging auf mein Zimmer und verstaute die E-Zigarette in meinem Beistelltisch.

So schnell hörte man mit dem Rauchen auf. Ich war mal gespannt, wie lange ich das durchhalten würde.

Ich legte mich gerade wieder ins Bett, als mich eine Pflegerin rief. Ich solle doch bitte zum Narkosevorgespräch auf Etage 01 gehen.

Hier empfing mich eine junge Frau. Sie war Ärztin und hatte militärische Abzeichen an ihren Schulterklappen. Ordentliche Karriere, in dem Alter.

„Guten Tag, Herr Landthaler."

Schon die kurze Begrüßung verriet, dass sie aus Sachsen stammte. Das war nicht zu überhören.

„Hallo", sagte ich.

„Ja, ja, ganz schöne Scheiße, die Sie da vor sich haben."

„Kann man so sagen."

„Also, Sie werden von all dem nichts mitbekommen. Wir knipsen Sie aus. Ich muss Sie über die möglichen Risiken aufklären. Nicht jeder wacht aus der Narkose wieder auf. Es kann zu Komplikationen mit dem Blutdruck kommen. Es kann sein, dass Sie während der Operation aufwachen. Aber keine Sorge, die Ärzte bemerken das und reagieren dann. Man wird Sie mit einem Tubus beatmen ... bla, bla, bla."

Ich hörte nicht mehr zu.

„Haben Sie alles verstanden?" Sie gab mir einige Bögen Papier. „Lesen Sie das bitte durch. Mit Ihrer Unterschrift bestätigen Sie, dass ich Sie über die Risiken informiert habe."

Ich blätterte alle Seiten durch und suchte die Stelle, an die ich mein Autogramm setzen musste.

„Sie haben es überhaupt nicht angesehen!"

„Warum soll ich das auch lesen? Ohne Narkose kann man mich nicht operieren. Und ich muss operiert werden. Was bleibt mir denn anderes übrig, als zu unterschreiben?"

„Da haben Sie recht. So habe ich das noch gar nicht gesehen. Machen Sie sich keine Sorgen. Das wird alles gut werden. Sie bekommen heute Abend eine Tablette, mit der Sie besser einschlafen können. Okay? Haben Sie noch Fragen?"

„Nein, alles klar so weit."

Mit einem kräftigen Händedruck verabschiedete sie sich.

Jetzt zum Rauchen gehen. Nein!!! Bleib stark.

Ich ging auf mein Zimmer.

Mein Programm für heute habe ich durch. Gut, dann kann ich mir ganz viele Gedanken über die OP machen, dachte ich genervt.

Um mich abzulenken, las ich ein Buch. In dem es um das Leben und die medizinische Versorgung im Mittelalter ging.

Zum Glück ist die Medizin weit fortgeschritten, und ich muss nicht zu der Zeit, in der das Buch handelt, operiert werden, dachte ich. Da wären meine Überlebenschancen gleich null.

Das Lesen hatte den gewünschten Effekt, die Zeit verging wie im Flug. Die Schwester brachte schon das Abendessen und meine Medikamente.

„Nehmen Sie die Schlaftablette ungefähr eine halbe Stunde, bevor Sie schlafen möchten."

Ich wollte mit meinen Gedanken bei meinem Buch bleiben, deswegen nahm ich es gleich wieder zur Hand und las weiter.

Mein Handy vibrierte und holte mich aus dem 14. Jahrhundert zurück in die Gegenwart. Meine Freundin schrieb eine Gute-Nacht-Nachricht. Es war auch schon

22 Uhr. Ich schrieb zurück, mit dem Versprechen, mich morgen früh noch mal zu melden.

Auf dem Weg ins Badezimmer fiel mir die Schlaftablette wieder ein. Ich machte kehrt, nahm die Pille und machte mich dann bettfertig. Eine halbe Stunde später war ich ohne Probleme eingeschlafen.

OP-Tag

„Guten Morgen. Gut geschlafen? Bereit?", löcherte mich die Krankenpflegerin.

„Alles top", erwiderte ich noch völlig verpennt.

Sie gab mir eine Krankenhausunterhose und ein Hemd, das hinten offen war.

Umgezogen legte ich mich wieder ins Bett. Ich nahm mein Handy zur Hand und meldete mich ab: „Jetzt geht es gleich los. Warte nur noch, bis man mich abholt. Bin eigentlich echt entspannt. Macht euch keine Sorgen. Ich melde mich, wenn ich wieder unter den Lebenden bin. Hab euch lieb."

Ich hatte am Vortag noch eine WhatsApp-Gruppe für meine Freundin und meine Mutter erstellt. Der Name lautete „Klinik-News". Das Gute daran war, dass meine gesendete Nachricht gleichzeitig bei beiden ankommen würde und ich nicht alles doppelt schreiben und erklären musste.

Zwei junge Pfleger kamen in mein Zimmer und holten mich ab. Ich wurde mitsamt dem Bett in den OP-Bereich gekarrt. Wir unterhielten uns und machten Witze. Ich war erstaunlicherweise wirklich gelassen und eher gespannt, was mich erwartete, als ängstlich. Dann wurde das Bett getauscht. Die Pfleger hoben mich, obwohl das eigentlich nicht nötig war, aus meinem Stationsbett auf die OP-Liege. Mir wurde eine gewärmte Zudecke gereicht.

„Das ist ja ein Service hier. Fünf Sterne."

Alle Anwesenden mussten lachen. In Blau gekleidete Damen übernahmen jetzt das Kommando. Für mich waren alle Schwestern, Pfleger und Ärzte inkognito, getarnt mit Mundschutz und Haarnetz. So war nicht wirklich viel von der jeweiligen Person zu erkennen. Den Arzt, der mich aufschnippeln sollte, hatte ich bis jetzt auch noch nicht gesehen.

Hat er verschlafen?, fragte ich mich. Nein, quatsch. Der kommt, wenn ich OP-bereit bin.

Die Ladys fuhren mich in einen Raum, der aber nicht wirklich nach einem Operationszimmer aussah. Hier wurden mir noch ein paar Standardfragen gestellt:

„Wie geht es Ihnen?"

„Gut."

„Haben Sie gut geschlafen?"

„Ja. Gute Pillen habt ihr."

„Haben Sie noch Fragen?"

„Nein." Dann wäre das ja geklärt.

„Wir werden Sie jetzt narkotisieren. Atmen Sie tief ein, wenn wir Ihnen die Maske aufgesetzt haben. Und keine Angst, Sie werden erst aufwachen, wenn alles vorbei ist."

Die OP-Helferin drückte mir die Maske über Nase und Mund.

„Tief ein- und ausatmen, bitte", sagte sie.

Ich tat, wie mir befohlen, und spürte überhaupt nichts. Um mich herum wurde geredet und Sachen wurden hin- und hergeräumt.

Äh … ich war noch hellwach, da passierte nichts.

Bumm, Ende, Feierabend. Ich war weg. Völlig unerwartet.

Es ist wie in den Filmen. Genau so wacht man nach einer Operation auf. Ich öffnete langsam meine Augen, blinzelte ein paarmal, hatte null Plan, wo ich war, und schloss die Augen wieder.

Eine Pflegerin kam schon angejoggt.

„Alles okay? Es ist alles gut verlaufen. Bleiben Sie ruhig liegen."

„Kö… kön… können Sie mir bitte mein", ich musste schlucken, „mein Handy geben? Ich möchte meiner Freundin schreiben."

„Wir haben Ihre Angehörigen schon benachrichtigt. Aber ich besorge Ihnen Ihr Telefon. Versuchen Sie sich so wenig wie möglich zu bewegen. Sie sehen ja die ganzen Kabel. Wir haben Ihnen einen Katheter gelegt, also lassen sie es einfach laufen. Wenn irgend etwas ist, Sie sich schlecht fühlen oder Ihnen schwindelig wird, drükken Sie diesen Knopf."

Sie deutete auf den Notfallknopf.

„Ich komme jede Stunde und schaue nach Ihnen. Wir messen Temperatur und leuchten Ihnen kurz in die Augen. Schmerzmittel und Kochsalzlösung bekommen Sie über den Tropf, wenn was leer ist, einfach klingeln."

„Oookay."

Ich war schwach. Das Gefühl kannte ich von mir gar nicht. Die Augen fielen zu, ich döste wieder weg.

Völlig unerwartet schreckte ich auf, mir war kotzübel. Bevor ich den Notfallknopf drücken konnte, spuckte ich schon. Ich konnte es nicht unterdrücken, das Bett wurde komplett mit Galle überzogen. Da ich schon lange nichts mehr gegessen hatte, war mein Bauch leer und so musste halt der Magensaft nach draußen befördert werden. Die Intensivpflegerin kam mit einer Schüssel angerannt.

„Ich hab mich etwas übergeben", röchelte ich, während ich mein Werk betrachtete.

Sie gab mir die Spuckschüssel und ging einen neuen Bettbezug holen. Ich musste mich in der Zwischenzeit noch mal übergeben. Es kam nicht mehr viel. Tränen der Anstrengung liefen mir die Wange runter.

„Nicht schlimm. Das kommt von dem Narkosemittel. Das ist vollkommen normal. Es hätte mich gewundert, wenn Sie nicht brechen."

Ich meldete mich mit einem Selfie im Gruppenchat zurück.

„Es ist alles gut gegangen. Ich lebe noch. Habe gerade ins Bett gespuckt. Melde mich morgen, wenn ich mehr weiß."

Verdammt, sehe ich scheiße aus, stellte ich auf dem Selfie fest.

Mein Kopf war eingebunden. Aus dem Turban kam ein blutgefüllter Schlauch, der hinter dem Bett verschwand. Mein linkes Auge war zugeschwollen. An meinem Hals war ein Pflaster, etwa zehn mal fünf Zentimeter groß, auch hier kamen Schläuche zum Vorschein. Auf meinem nackten Oberkörper klebten drei Saugnäpfe, die zur Überwachung der Lebenszeichen dienten.

Auch am Arm und Handrücken waren noch Blindkanülen gelegt.

Wozu diese dienten oder noch gebraucht würden, wusste ich nicht.

Und dann war da noch dieses hässliche Ding, das in meinem Penis steckte.

Ich versuchte, das mal genauer zu untersuchen, nahm mein bestes Stück, bog es nach oben, um besser sehen zu können.

Verdammt, wie haben die das da reingebracht?

Ich zog mal vorsichtig an dem Schlauch. Erschrocken musste ich feststellen, dass ich mir gerade selbst den Katheter entfernt hatte.

Ups …

Verängstigt klingelte ich der Schwester. Als sie ins Zimmer kam, zeigte ich ihr den Katheterschlauch.

„Ich hab mir den mal selbst gezogen."

„Hat das nicht wehgetan?", wollte sie wissen.

„Nee. Bin doch zugedröhnt. Muss der wieder rein?", fragte ich ängstlich.

„Nein, ich glaub, das ist nicht nötig. Ich bring Ihnen eine Urinflasche."

Sie brachte mir die Pissente, die ich gleich mal testete. Das Wasserlassen brannte tatsächlich etwas. Aber im Liegen zu pinkeln, daran könnte ich mich gewöhnen.

Die Pflegerin weckte mich, leuchtete mir in die Augen und checkte die Geräte. „Alles gut?"

„Gut ist was anderes, aber es passt. Wann komm ich wieder auf die Station?"

„Ich kann nichts versprechen, aber ich denke, morgen Vormittag."

Klasse, die Intensivstation machte mir Angst.

Ich döste vor mich hin. Die Schmerzen und der Kabelbaum ließen mich nicht richtig schlafen.

Meine Gedanken gingen zu der Operation.

So war sie wohl abgelaufen:

Die Ärzte hatten mir mit einem Skalpell einen handgroßen Hautlappen vom Schädel gelöst. Diesen dann zur Seite geklappt, um an den Knochen zu kommen. Dann mit einer Säge ein Stück des Schädelknochens entfernt.

Ob das wohl eine Handkreissäge war? Ich musste schmunzeln.

Anschließend wurde der Tumor gesucht. Die Hirnmasse beiseitegeschoben, um an das Geschwür zu gelangen. War dieses gefunden, wurde es herausgeschnitten.

Wie genau, kann ich gar nicht sagen. Da hab ich wohl bei den Vorgesprächen nicht aufgepasst.

Als der Arzt der Meinung war, dass der Tumor komplett entfernt worden ist, wird eine MRT-Aufnahme am geöffneten Schädel gemacht. Auf den Bildern sieht man, ob wirklich alles draußen ist. Dann wurde das herausgesägte Knochenstück mit Titanschrauben wieder am Schädel befestigt und der Hautlappen an der Schnittstelle zugenäht.

Das alles hatte fünf Stunden gedauert. Was für eine Scheiße.

Jetzt lag ich hier, konnte keinen Schlaf finden und machte mir Gedanken, wie sie an meinem Brain rumgedoktert hatten.

Ein Tag nach der Operation

Ein Arzt, der wohl bei der Operation assistiert hatte, kam in mein Zimmer. „Guten Morgen. Wie geht es Ihnen?"

„Morgen. Ging schon mal besser. Aber eigentlich ganz okay. Wie ist die Operation gelaufen? Hat man alles entfernen können?"

„Wir gehen davon aus, dass wir alles erwischt haben. Genaues kann man erst nach Monaten oder Jahren sagen, wenn Sie zu den Kontroll-MRTs kommen. Das Gewebe haben wir zur Untersuchung weggeschickt. Erst wenn die Ergebnisse da sind, kann man sagen, um welche Art von Tumor es sich handelt. – Sie müssen sich jetzt erst mal erholen. Bei der Visite morgen wissen wir dann schon mehr. Und jetzt ausruhen."

Die Pflegerin weckte mich und leuchtete mir erst mal wieder in die Augen. „Sie kommen zurück auf die Station. Gleich werden Sie abgeholt."

Zurück im Zimmer wurde ich gleich neu verkabelt. Ein Apparat mit einer Armschlinge, die sich alle Stunde automatisch aufblies, und eine Fingerklammer wurden angebracht. Das Gerät sendet die Daten direkt an einen Bildschirm, den die Schwestern immer im Blick haben.

So erkennen sie sofort, wenn etwas nicht stimmt. Auch die Kochsalzlösung und das Schmerzmittel wurden wieder per Tropf verabreicht.

Einen neuen Zimmernachbarn hatte ich auch bekommen. Ein Mann, Ende sechzig, der an der Bandscheibe notoperiert worden war. Er war sehr nett und wir unterhielten uns über unsere Leiden.

Es dauerte, bis ich mich an die ganzen Kabel gewöhnt hatte, wobei gewöhnt hier das falsche Wort ist. Aber richtig bewegen konnte ich mich nie, ohne die Kabel ständig zu verknoten oder gar zu verlieren.

Ich setzte mich auf die Bettkante, langte nach meiner Sprudelflasche, als ich bemerkte, dass ich auf meinem linken Ohr nur dumpf hörte. So als wäre beim Tauchen Wasser hineingelaufen.

Noch während ich darüber nachdachte, wie Wasser in mein Ohr gekommen sein könnte, tropfte plötzlich Flüssigkeit aus meiner Nase auf die Bettdecke.

Was war das schon wieder? Ich suchte ein Taschentuch, schnäuzte die Nase. Es war kein Schleim und auch kein Blut. Ich drückte den Notfallknopf.

Die Schwester kam ganz gelassen ins Zimmer.

„Mir tropft irgendwas aus der Nase. Erkältet bin ich nicht und Nasenbluten hab ich auch keins. Mein linkes Ohr ist auch zu, als ob Wasser drin wäre."

„Okay. Legen Sie sich hin. Ich spreche mit einem Arzt. Haben Sie sonst Schmerzen?"

„Die üblichen halt. Es geht schon", sagte ich und rollte mit den Augen.

Sie kam nach kurzer Zeit mit einem jungen Arzt zurück.

„Hallo. Die Flüssigkeit, die Ihnen aus der Nase läuft, ist Liquor, oder verständlicher gesagt: Hirnwasser. Das kommt vor, wenn man den Schädel bzw. das Hirn verletzt. Das ist auch der Grund, warum Sie das Gefühl haben, sie hätten Wasser im Ohr. Sie haben tatsächlich Liquor im Ohr, und zwar von innen. Wir beobachten das und schicken Sie ggf. in die HNO-Abteilung."

Verwirrt fragte ich den Arzt: „Mir läuft Hirnsaft aus der Nase? Ist das nicht schlimm? Und was macht man dagegen?"

„Muss man beobachten. Ich sauge Ihnen jetzt erst mal das Wasser ab. So kann auch nichts mehr aus der Nase tropfen. Das nennt man Lumbalpunktion. Dabei wird mit einer Nadel zwischen zwei Lendenwirbeln in den Rückenmarkskanal eingestochen, über die Hohlnadel läuft dann das Hirnwasser ab."

„Am Rücken?"

„Ja, das hängt alles zusammen. Hört sich alles heftiger an, als es ist."

„Aha, okay. Da sieht man mal wieder, dass ich nicht viel über meinen Körper weiß."

„Nicht schlimm. Ich bereite alles vor und bin dann gleich wieder da."

Das wird bestimmt schmerzhaft, dachte ich mir. Ich hatte keine Ahnung, was mich erwartete.

Der Doc kam, mit einem noch jüngeren Assistenten im Schlepptau, ein paar Minuten später zurück.

„Setzten Sie sich bitte auf die Bettkante."

Er fuhr das Krankenhausbett ganz nach oben und stellte einen Stuhl vor mich.

„Bitte Ihre Füße auf dem Stuhl abstellen."

Er rollte mein T-Shirt nach oben, sodass mein Oberkörper frei lag. Dann wurde großzügig desinfiziert. Gefühlt eine halbe Sprühflasche.

„Bitte gerade hinsetzten. Ja, gut so. Die rechte Schulter noch etwas runter. So passt es. Nicht bewegen. Ich zeichne jetzt an, wo ich punktieren werde."

Es fühlte sich an, als würde er einen ganzen Picasso auf meinen Rücken malen.

„So, ich habe jetzt die Stelle gekennzeichnet. Bitte bleiben Sie ganz ruhig sitzen. Wenn es Ihnen schlecht wird oder sonst etwas ist, geben Sie bitte sofort Bescheid. Bei drei steche ich zu. Eins, zwei ... schon drin. – Alles in Ordnung?"

Der Sack hatte die Nadel schon bei zwei in meinen Rücken gestochen. So schlimm war es nicht. Ich war es ja mittlerweile gewohnt, mit Spritzen bearbeitet zu werden.

„Ja, alles gut."

Er legte die erste Ampulle auf den Beistelltisch und griff sich die nächste.

Ein stechender Schmerz breitete sich in meinem Kopf aus.

Er nahm ein neues Fläschchen vom Tisch und zapfte weiter mein Hirnwasser ab.

„Sind wir bald fertig?", hechelte ich.

„Gleich haben Sie es geschafft."

Solche Schmerzen hatte ich noch nie in meinem Leben. Ich hatte das Gefühl, mein Kopf würde gleich implodieren. Ich spürte quasi, wie ich die Farbe aus meinem Gesicht verlor. Die Geräusche um mich herum wurden dumpf.

Ich musste mich hinlegen. Der Arzt nahm das Bedienungsgerät und fuhr das Fußteil des Bettes nach oben. Langsam, aber sicher kam ich wieder zu vollem Bewusstsein.

„Mein Kopf platzt gleich. Und mein Ohr ist immer noch zu."

„Wir geben Ihnen was gegen die Schmerzen. Ihr Ohr müssen wir weiter beobachten. So schnell geht das nicht."

Zum Glück halfen die Schmerzmittel, bevor meine Eltern zu Besuch kamen. Sie waren, glaube ich, schockiert, mich so zu sehen. Der Verband und das geschwollene Gesicht ließen mich aussehen, als hätte ich eine üble Schlägerei hinter mir.

Ich erzählte so gut es ging, was ich erlebt hatte. Außerdem versuchte ich die Gespräche mit den Ärzten wiederzugeben.

Meine Mutter wollte alles genauestens wissen.

Erst jetzt bemerkte ich, wie sehr mich das anstrengte. Das Denken, das Sprechen und das Zuhören erschöpften mich richtig.

Ich war froh, als ich wieder allein war. Ein paar Nachrichten wechselte ich noch mit meiner Freundin, bis ich völlig ausgelaugt einschlief.

Zwei Tage nach der Operation

Wieder wurde ich von der Putzfee geweckt. Sie fing wohl immer mit diesem Zimmer an. Das konnte ja noch lustig werden.

Die Nacht war nicht so erholsam gewesen, wie ich mir erhofft hatte. Von Kopfschmerzen geplagt, konnte ich nicht schlafen. Der Nachtschwester wollte ich auch nicht zur Last fallen. So drehte und wendete ich mich in der Hoffnung, dass die Schmerzen endlich nachlassen würden. Aber es wurde eher noch schlimmer. Ich klingelte der Schwester und bat um eine Schmerztablette. Das war gefühlt vor zwei Stunden gewesen, jetzt wischte schon die Reinigungskraft unser Zimmer raus.

Das Frühstück wurde mir ans Bett gebracht. Ich hatte richtig Hunger, schon lange nicht mehr richtig gegessen. Das Hungergefühl war aber schnell verflogen, als ich schmerzhaft feststellen musste, dass ich meinen Mund nicht weit genug öffnen konnte, um in die Semmel zu beißen. Ich legte das Brötchen auf den Teller zurück und presste es mit meiner Handfläche platt. So konnte ich abbeißen, ohne meinen Mund so weit aufzumachen. Auch das Kauen war nicht angenehm. Ich weichte das abgebissene Stück gleich mit einem Schluck Kaffee auf. So ging das Essen einigermaßen.

Ich hoffe, das wird schnell besser, dachte ich. So macht Essen keinen Spaß.

Ein Arzt kam zu mir ans Bett und sagte, dass man vielleicht heute oder morgen noch mal punktieren müsse.

Wie so oft bekam ich keine weiteren Informationen.

„Kann man mal das Pulsmessgerät wegmachen? Ich sollte ins Bad."

„Ja. Die Schwester macht es weg."

„Ach ja, warum kann ich meinen Mund nicht richtig öffnen?"

„Haben Sie Schmerzen?"

„Ja. Ich bekomme ihn kaum auf. Und das Kauen tut auch sehr weh."

„Wir haben Ihnen den Kaumuskel", er deutete mit dem Finger an seine Schläfe, „durchtrennen müssen, um den Schädelknochen ausreichend freizulegen. Das werden Sie noch eine Weile spüren. Leider ging es nicht anders."

Endlich Zähneputzen. Ich schrubbte mir gründlich die Kauleiste, wusch meinen Körper mit einem Waschlappen und konnte seit Tagen mal wieder auf die Toilette.

Entsprechend schmerzhaft war dann auch das große Geschäft.

Duschen war leider noch nicht möglich, weil ich meinen Infusionswagen noch hinter mir herziehen musste. Als ich mit der Körperpflege fertig war, musste ich der Pflegerin Bescheid geben, dass sie mich wieder an die Gerätschaften anschließen konnte.

So verging der Tag. Das Hirnwasser wurde, Gott sei Dank, nicht mehr abgezapft.

Die Kopfschmerzen begleiteten mich in den Schlaf.

Tag drei bis sechs nach der Operation

Die nächsten Tage waren von Kopfschmerzen erfüllt.

Mit Schmerztabletten bzw. einem Zusatz für den Tropf war man eher geizig. Ich musste schon ein paarmal danach fragen. Unter Medikamenten war es dann auszuhalten.

Einmal musste ich noch punktiert werden. Es ist einfach die Hölle, mit einer Nadel in den Rücken gestochen zu werden. Auch die anschließenden Kopfschmerzen waren unerträglich. Zum Glück vergingen sie so schnell, wie sie gekommen waren.

Die täglichen Besuche lenkten mich von dem trostlosen Krankenhaus-Dasein ab. Alle kamen an mein Krankenbett, standen mir bei und erkundigten sich nach meinem Befinden.

Meistens sagte ich: „Es geht aufwärts. Jeden Tag besser. Manchmal Kopfweh. Eigentlich ganz gut."

Und so war es auch. Am liebsten wäre ich gleich nach Hause gegangen. Ich fühlte mich gut.

Vielleicht zu gut.

Es war, glaube ich, der vierte Tag nach der OP, als ich zum ersten Mal die Operationsnarbe sah.

Eine Schwester entfernte den Verband. „Sie brauchen keinen Turban mehr. Wir machen nur noch ein paar Pflaster drauf."

„Das ist gut."

Sie rollte die Binden ab. An ein paar Stellen waren sie durch das Blut festgeklebt. Die junge Dame ging aus dem Zimmer, um Pflaster zu holen. Ich versuchte in der Zwischenzeit mit meinem Handy ein paar Selfies zu machen. Aber irgendwie klappte das nicht so wirklich. Die Schwester kam zurück und ertappte mich bei meinen Fotografierversuchen.

„Kann man helfen?", fragte sie grinsend.

„Das wäre nett. Ich habe immer nur den halben Kopf drauf."

Sie machte ein paar Aufnahmen, legte dann mein Handy auf den Tisch und klebte riesige Pflaster auf die Wunde.

Das fühlte sich viel besser an als der Verband.

Ich nahm mein Handy und sah mir die Bilder an.

Erschrocken tastete ich mit der Hand am Kopf entlang. So einen großen Fetzen hatten die da umgeklappt? Es sah wirklich eklig aus. Der Schnitt ging vom Ohrläppchen hoch, in einem Bogen hinters Ohr, in einem nächsten Bogen etwa drei Zentimeter nach oben und dann in einem geraden Schnitt in Richtung Stirn. Das

Stück war mit einer Art Angelschnur wieder festgenäht worden. Es hatte was von Frankenstein.

Im Bad betrachtete ich mich im Spiegel. Ich sah aus wie ein Streifenhörnchen. Meine komplette Kopfhaut hatte einen braunrötlichen Farbton und zwischendrin waren Streifen in normaler Hautfarbe. Mir war klar, dass das von dem Desinfektionsmittel kam. Ich versuchte es mit Wasser und Seife wegzuwaschen. Keine Change. Ich rubbelte, so vorsichtig es ging, um das Pflaster herum, aber der rötliche Ton blieb.

Schließlich bestellte ich bei meiner Mutter via WhatsApp Nagellackentferner und Wattepads.

Ein Praktikant, so sah er zumindest aus, kam ins Zimmer und schickte mich zur HNO-Abteilung.

„Gleich neben dem Eingangsbereich, wissen Sie, wo?"

„Ja, hab ich schon mal gesehen."

Er ging aus dem Zimmer. Ich war etwas irritiert.

Nichts durfte ich alleine machen, aber jetzt sollte ich durchs halbe Krankenhaus laufen. Also gut, dann los.

Ich watschelte mit meinem Kochsalzlösungswagen zu den Aufzügen, fuhr zur Etage 0 und lief fast bist zum Ausgang. Ich meldete mich an und nahm im Wartebereich Platz.

Puh. Das hatte mich richtig angestrengt. Hier erst, bei dem ganzen Lärm, bemerkte ich, dass ich auf meinem linken Ohr so gut wie nichts hörte.

Na toll, das war nicht gut.

Ich wurde aufgerufen und ins Behandlungszimmer begleitet. Hier wurde ich wortwörtlich durchleuchtet. Mit diversen Instrumenten fuchtelte man mir im Ohr herum.

Die Diagnose lautete: Das Wasser war hinter dem Trommelfell. Dadurch hatte sich der Gehörgang entzündet. Bis die Entzündung abklingen würde, könnten ein paar Wochen vergehen.

Am Abend kamen meine Eltern zu Besuch. Tatsächlich ging das Desinfektionsmittel auf meinem Kopf mit Nagellackentferner weg.

So sah ich wenigstens, bis auf die Pflaster, wieder normal aus.

Die Ergebnisse des gestrigen MRT wurden mir bei der Visite mitgeteilt: Die Aufnahmen waren unauffällig. Alles gut so weit. Vermutliche Entlassung am Montag.

Ich freute mich. Endlich mal eine positive Nachricht. Heute war zwar erst Mittwoch, aber die paar Tage würde ich auch noch durchstehen.

Es war einfach ein schöner Tag. Ich fühlte mich gut. Die Sonne schien und der Besuch von meiner kleinen

Patennichte, meinem Bruder und seiner Frau verstärkten das Gefühl noch. Wir gingen nach draußen und machten einen Spaziergang.

Das erste Mal seit Langem wieder frische Luft und Sonne.

Die Kleine rannte in der Gegend herum und hatte einfach Spaß am Leben. Gelegentlich sagte sie: „Onkel kaputt!" und zeigte dabei auf mein Pflaster am Kopf. Jedes Mal musste ich lachen. Sie war noch zu klein, um zu verstehen, was Sache war.

Die frische Luft, die Sonne und die Gespräche waren eine tolle Ablenkung. Vor allem, weil nicht nur mein Hirntumor Thema war. Ich erzählte, dass ich am Montag entlassen würde und mich auf mein Projekt daheim freute.

Ja, mein Projekt.

Ich hatte mir Anfang August Gedanken gemacht, was ich mit mir anstellen sollte, wenn ich krankgeschrieben sein würde. Wenn ich nicht mobil bin und zu Hause festsitze. Da war Langeweile quasi vorprogrammiert. So hatte ich ein altes Mofa gekauft. Eine Hercules G3, Baujahr 1978, Drei-Gang-Handschaltung. Ein klasse Teil, aber eine Baustelle. Ich hatte mir vorgenommen, das Gefährt wieder fahrtüchtig zu machen, und gleich noch Ersatzteile gekauft und ersteigert.

So, dass ich gleich losbasteln konnte, wenn ich wieder zu Hause war.

Mein Bruder bot mir seine Hilfe an. Er wollte am liebsten auch an einem alten Mofa rumschrauben.

„Onkel kaputt."

Wir mussten alle vier lachen. Ich verabschiedete mich, als wir wieder vor dem Haupteingang standen.

„Ciao, danke für den Besuch, bis Montag. Tschüss, Frechdachs." Ich verstrubbelte die Haare der Kleinen.

Auf dem Zimmer legte ich mich ins Bett und begann zu lesen. An die schubweisen Kopfschmerzanfälle hatte ich mich schon gewöhnt. Meist waren die Schmerzen schnell wieder weg. Meine Rippenprellung war auch wieder präsent. Ich erwähnte aber beides nicht bei den Pflegerinnen, so schlimm war es nicht und von Medikamenten hatte ich genug.

Das Abendessen war schon halb verdaut, als ich mich entschied, den Fernseher anzumachen.

Wie soll ich das bis Montag hier aushalten? Es geht mir gut! Es stehen keine Untersuchungen mehr an. Ich liege hier nur den ganzen Tag im Bett, und das bei dem Wetter. Morgen muss ich da noch mal nachhaken.

Den Film im Fernseher verfolgte ich nur halbherzig, da ich mit meiner Freundin nebenher chattete. Wir schrieben über ihre Arbeit. Sie hatte keine Lust mehr, und ich wäre froh, wenn ich zum Arbeiten gehen könnte.

Dann bestellte ich bei ihr noch ein McDonalds-Menü für die nächsten Tage. Darauf hatte ich schon seit Tagen Bock.

Plötzlich hatte ich das Gefühl, mein Schädel würde platzen. So einen Schmerzstoß hatte ich noch nie. Mir wurde ganz schwindlig und dumpf im Kopf.

Ich wusste, was Sache ist – ein Anfall!

Ich schrieb Nadi gleich, dass ich wohl einen Anfall hätte. Sie befahl mir, sofort der Schwester zu klingeln. Aber ich wollte in meinem Wahn nicht auf sie hören.

Sie schrie mich quasi durch das Handy an, dass ich den Notfallknopf drücken solle. „Du sollst klingeln, wenn du meinst, du hast ’nen Anfall, und zwar gleich!!!"

„Nee. Bringt nix", schrieb ich zurück.

„Meine Fresse. Klingel einfach, okay. Und tu nicht immer ewig rum. Die sind da, um nach dir zu schauen!"

Ich antwortete nicht, und Nadine bombardierte mich mit weiteren Nachrichten:

„Du darfst eigentlich keinen Anfall bekommen!"

„??????"

„Was ist jetzt?"

„KLINGEL!"

„Sonst ruf ich da jetzt an!"

„Alles gut", kam schließlich von mir.

„Du musst denen so was sagen! Es geht hier nicht um 'ne kleine Knie-OP … Das ist dein Scheiß-Kopf … Die haben wohl das Gehirn mit rausgemacht!"

Nach einer kurzen Pause kam die nächste Nachricht: „Es ist nicht mehr lustig. Ich hab deiner Mutter geschrieben und als Nächstes mach ich im Krankenhaus alle verrückt!" Nadine war verzweifelt. „Du bist da, damit die Bescheid wissen und nach dir schauen können. Sobald was ist, musst du es melden. Vielleicht ist es ja harmlos, aber du kannst es nicht wissen!! Es geht hier um deinen Kopf! Sei doch nicht so doof!"

Ich war wohl doof, und zwar sehr doof. Ich war ganz fest davon überzeugt, dass die Pfleger und Ärzte mir nicht helfen könnten. Und dass das normal sei. Und vor allem brauchte ICH keine Hilfe.

Meine Erinnerung lässt von diesem Zeitpunkt an massiv nach. Ich telefonierte wohl noch mit meiner Freundin und mit meiner Mutter. Anscheinend stotterte ich ins Telefon, dass die Schwester gleich käme, um nach mir zu schauen.

Das war, wie sich später rausstellte, eine Lüge. Tage später erfuhr ich, dass mein Bettnachbar den Alarmknopf betätigt hatte. Zum Glück war jemand mit im Zimmer. Es hätte auch anders ausgehen können.

Das Letzte, woran ich mich erinnern kann, ist, dass ich vom Bad zum Bett torkelte, mich hinlegte, die Augen schloss und heftig zu atmen begann.

Dann fiel der Vorhang.

Status epilepticus

Der junge Doc trat an mein Bett. Er hatte keine Arztklamotten an, sondern Motorradkleidung. Oder bildete ich mir das ein? Keine Ahnung.

„Sie sind außer Gefahr. Die Nacht bleiben Sie noch auf der Intensivstation. Das war ein Status epilepticus. Wir besprechen das morgen. Schlafen Sie jetzt."

Ich war sofort wieder eingeschlafen.

An die nächsten Tage kann ich mich nicht mehr erinnern. Was ich hier jetzt erzähle, weiß ich aus dem Chatverlauf auf meinem Handy, aus den Erzählungen von Nadine, meinen Eltern und Freunden und aus den Arztberichten.

Ich kann mich aber erinnern, dass der Zustand nach diesem Anfall das schlimmste Erlebnis für mich war. Ich lag im Bett, war mehr oder weniger bei vollem Verstand, konnte mich aber nicht mitteilen. Ich konnte keine Worte, geschweige denn Sätze bilden. Es war furchtbar.

Wenn ich daran denke, dass einem so etwas im Alter auch passieren kann. Nee, nee … ohne mich.

Am nächsten Morgen wurde ich zurück auf mein Zimmer gebracht. Sprechen konnte ich immer noch nicht.

Also konnte ich auch nicht fragen, was los war. Die Ärzte sagten es mir auch nicht. Vielleicht wollten sie nicht, dass ich mir noch mehr Gedanken mache. Vielleicht hatten sie es mir aber auch schon dreimal erklärt und ich hatte es einfach wieder vergessen? Es kann alles sein, wenn das Gehirn demoliert ist.

Bei meiner Recherche durch die Chatverläufe auf meinem Handy habe ich eine Nachricht von meinem guten Kumpel gefunden. Er wollte wissen, wie es mir geht.

Nadi hat für mich geantwortet: „Hey Maze, hier ist Nadi. Marci geht es gar nicht gut. Er war heute Nacht auf Intensiv, weil er viele Krampfanfälle hatte. Momentan kann er noch nicht wirklich sprechen. Das sind noch Nachwirkungen von den Anfällen. Hab mit dem Arzt gesprochen, und er sagt, das wird wieder. Das kommt, weil im Gehirn eine kleine Schwellung war!"

„Ach, du Scheiße. Jetzt wollte ich ihn eigentlich besuchen kommen. Aber dann lassen wir das heute. Ja, und ist das normal? Oder wie?"

„Ja, besuchen ist heute keine gute Idee. Anscheinend ist das normal und man muss sich gar keine Sorgen machen. Sie haben die Anfälle mit einem Medikament unterbrochen und jetzt dauert das noch ein bisschen."

Also resultierten die Krampfanfälle aus einer Anschwellung, die sich aufgrund der Operation gebildet hatte. Die Anfälle waren so extrem, dass sie durch die

Verabreichung von starken Medikamenten gestoppt werden mussten. Ich hatte mich im Bett gewunden wie ein Regenwurm, der ums Überleben kämpft.

„Dagegen kann man nichts machen", so sagten die Schwestern. „Das Wichtigste ist, darauf zu achten, dass der Patient die Zunge nicht verschluckt und erstickt."

Das haben sie geschafft. Danke.

Der Arzt kam an mein Bett. „Sie machen so Sachen. Wie geht's Ihnen?"

„Ähhh …. ddut", stotterte ich.

„Ach, ja. Machen Sie langsam. Das mit dem Sprechen kommt wieder. Ich erkläre Ihnen mal, was genau ein Status epilepticus ist. Wenn ein epileptischer Anfall länger als drei Minuten dauert, spricht man von einem Status epilepticus – oder in Kurzform von einem Status. Das kann lebensbedrohlich sein, da einerseits durch die körperliche Belastung und andererseits durch die beeinträchtigte Steuerung des zentralen Nervensystems wichtige Körperfunktionen ausfallen können – darunter die Steuerung von Atmung, Blutdruck und Körpertemperatur. Deswegen hat es oberste Priorität, darauf zu achten, dass Sie Ihre Zunge nicht verschlucken. Haben Sie komische Gefühle im Kopf? Kalt oder heiß?"

Ich zeigte mit dem Daumen nach oben.

„Okay. Keine Sorge, das wird wieder. Wir erhöhen jetzt Ihre Keppradosis. Und zwar extrem. Sie nehmen bisher 250 mg morgens und abends. Jetzt bekommen Sie 1200 mg zweimal am Tag. Des Weiteren verabreichen wir Ihnen Phenytoin. Das habe ich Ihnen heute Nacht auch gegeben. Das Medikament verhindert zusätzlich die epileptischen Anfälle. Ganz ohne sind die Pillen aber nicht. Sie können einige Nebenwirkungen haben, wie Schwindel, Übelkeit oder Vergesslichkeit. Aber da müssen Sie jetzt durch. – Sie haben mich übrigens um meinen wohlverdienten Schlaf gebracht", sagte er lächelnd.

Ich zuckte mit den Schultern und machte eine Geste des Bedauerns.

Als später eine Schwester mit einer Tablettenbox erschien und mir den Inhalt zeigte, schaute ich sie erschrocken an.

„Das ist ja nicht für lange so", meinte sie tröstend.

Auf einem Foto, das ich auf meinem Handy gefunden habe, kann ich 14 Tabletten zählen. 14 Stück, jeden Tag.

Am nächsten Tag konnte ich dann wieder einigermaßen sprechen. Fühlte mich aber, als hätte mich ein Leopard 2 überrollt.

Den Ärzten bei der morgendlichen Visite erklärte ich, wie ich mich fühlte. Ich erwähnte auch die Rückenschmerzen, die ich seit dem Anfall hatte. Sie meinten, es sei nach so einem heftigen Status normal, dass man sich mies fühle. Und die Rückenschmerzen kämen vermutlich von einer Muskelverspannung oder Zerrung, die ich mir bei meinen Verbiegungen zugezogen hätte. Ich solle einfach die Schmerztabletten einnehmen.

Die nächsten Tage verliefen im Großen und Ganzen immer gleich ab.

Ich wurde geweckt von der Dame mit dem Wischmopp,

Frühstück,

Visite,

Langweile, lesen oder fernsehen,

kleine Spaziergänge auf der Station,

Besuch,

Langweile,

Abendessen,

ICH WILL HEIM,

fernsehen oder lesen,

schlafen.

Seit 31. August war ich nun in der Klinik. Für morgen, 14. September, war die Entlassung geplant. Endlich nach Hause. Den einen Tag würde ich auch noch schaffen.

Nach einer unruhigen Nacht war ich das erste Mal froh, als die Putzfrau in mein Zimmer kam.

Die Visite erschien nach dem Frühstück.

„Guten Morgen, Herr Landthaler. Wir haben noch die Ergebnisse der Gewebeuntersuchung. – Es ist leider kein Hämangioblastom, wie wir vermutet haben, sondern ein diffuses Astrozytom II. Das bedeutet, Ihr Tumor ist nicht gutartig. Er gehört zu den weniger bösartigen Gehirntumoren."

„Aha. Und das bedeutet für mich?"

„Eigentlich verändert sich für Sie nichts. Wir haben den Tumor, so wie es momentan aussieht, komplett entfernt. Da er aber quasi mit dem gesunden Gewebe verwachsen war, ist es schwierig, eine endgültige Aussage zu treffen. Die regelmäßigen Kontrollen werden dann zeigen, wie sich alles entwickelt. – Machen Sie sich jetzt bitte nicht noch mehr Sorgen. Sie müssen erst mal wieder fit werden. Und sich unnötig verrückt zu machen, bringt nichts."

Ja, danke fürs Gespräch. Astrozytom? Wie auch immer. Ich darf bald heim, dachte ich mir.

Der letzte Tag im Krankenhaus. Ich sah mich schon zu Hause im Garten relaxen und in zwei bis drei Wochen wieder beim Arbeiten.

Die zwei gnädigen Damen, Nadi und meine Mutter, hatten Bedenken, mich gleich alleine daheim zu lassen, und beschlossen kurzerhand, mich halbtags bei meiner Mutter einzuquartieren. Bis meine Freundin vom Arbeiten nach Hause käme. Ich hatte kein Mitspracherecht.

Ja, ich weiß, die zwei wollten nur das Beste für mich. Und auch alle anderen. Alle wollten mich schonen. Aber dadurch fühlte ich mich noch schwächer, und vor allem wollte ich nicht wie ein Pflegefall behandelt werden.

Das Entlassungsgespräch führte leider keiner der Ärzte, die mich behandelt hatten. Sie waren wegen einer außerplanmäßigen Operation verhindert.

Der Doktor richtete hauptsächlich das Wort an meine Mutter. Ich fühlte mich noch nicht in der Lage, solchen wichtigen Gesprächen zu folgen, geschweige denn ihren Inhalt zu behalten.

Tatsächlich, mir fällt nichts mehr von dem Gesagten ein. Ich kann mich erinnern, wie wir zu dritt im Zimmer saßen, aber was der Doc sagte ... nichts davon ist hängen geblieben.

Also Schreibpause. Ich muss nachfragen und rufe meine Mutter an, sie soll meinem Gedächtnis auf die Sprünge helfen.

Der Arzt sagte im Groben zusammengefasst: Ich darf nicht vergessen, dass die OP keine Blinddarmentfernung war. Mir wurde ein Hirntumor rausoperiert. Entsprechend dauert auch der Heilungsprozess. Man kann nicht sagen, wie lange er dauern wird. Aber von einem Jahr kann man ausgehen. Auch ob man den Tumor komplett entfernt hat, ist ungewiss, da er nicht komplett vom gesunden Gewebe abgegrenzt war. Und das wollte man auf keinen Fall verletzen, weil dies eventuell zu noch größeren Schäden geführt hätte. Bei den Verlaufskontrollen, die ich wohl mein Leben lang machen muss, wird überwacht, ob in meinem Kopf wieder etwas wächst.

Ich soll mich die nächsten Wochen körperlich schonen und aufgrund der offenen Schädeloperation bin ich die nächsten drei Monate fahruntauglich. Auch an Arbeiten ist während dieser Zeit nicht zu denken. Das soll ich dann mit meinem Neurologen besprechen. Auch von Alkohol soll ich die Finger lassen. Aber gegen ein Bier sei nichts einzuwenden.

Ich muss wohl ziemlich schockiert gewesen sein über die Aussagen, so meine Mutter.

Im Nachhinein bin ich es immer noch.

Nie hätte ich gedacht, dass ich drei Monate krankgeschrieben sein würde. Ich wollte im Oktober mit meiner Weiterbildung zum Maschinenbautechniker beginnen. Das konnte ich vergessen. Auch das lange Fahrverbot entsetzte mich. Drei Monate. Was sollte ich denn so lange machen? Daheim rumsitzen? Da werde ich ja verrückt. Auch dass möglicherweise noch immer Tumorzellen in meinem Hirn sein könnten, erschreckte mich. Mich betrinken durfte ich auch nicht und das Rauchen hatte ich aufgehört. Das war doch scheiße.

Hätte ich den Teufelskerl doch drin lassen sollen? Dann wäre mir einiges erspart geblieben.

Jetzt ging es aber erst mal heim – Hotel Mama wartete.

Schlimmer geht es immer

Die Rückenschmerzen machten mich verrückt. Ich konnte kaum liegen bzw. mich in eine andere Position drehen. Das Stechen war in den letzten Tagen immer stärker geworden.

Gut. Ich nahm auch keine Schmerztabletten mehr ein. Aber normal konnte das nicht sein.

Im Bereich des linken Schulterblattes konzentrierte sich der Schmerz bei jeder Bewegung. Da stimmte was nicht. Von einer Verspannung konnte das langsam nicht mehr kommen.

Nach einer kaum auszuhaltenden Nacht beschloss ich, gleich am Morgen meine Hausärztin anzurufen.

Ich erklärte der Sprechstundenhilfe mein Problem.

Sie wollte mit der Ärztin sprechen und sich dann wieder melden. Zehn Minuten später klingelte das Telefon.

„Herr Landthaler, Sie können eine Überweisung für ein MRT abholen. Frau Doktor hat persönlich in der radiologischen Praxis angerufen und einen Termin ausgemacht. Der ist in zwei Stunden."

Verdammt noch mal, das hörte sich nicht gut an.

Ich rief meine Mutter an: „Mama, du musst mich nach Ulm fahren. Ich muss zu einer MRT-Untersuchung, wegen meiner Rückenschmerzen. In zwei Stunden habe ich dort einen Termin."

„Oh. Okay."

Wir fuhren anderthalb Stunden später los. Holten auf dem Weg noch die Überweisung ab. Sonst würde es wieder Zank geben. Dämliche Bürokratie.

Die radiologische Gesundheitspraxis war gut besucht. Bestimmt hätte ich keinen Termin bekommen, wenn ich selbst angerufen hätte.

So eine gute Hausärztin, durfte ich mal wieder feststellen.

Warten musste ich trotzdem ziemlich lange, bis der Computertomograf frei wurde.

Auch die Angestellte hier wollte mir die Kiste erklären.

„Kenn ich alles. Ist mir geläufig", sagte ich abwinkend.

Schon ging das typische Gebrummel los. Mittlerweile störte mich der Lärm gar nicht mehr, so konnte ich abschalten und etwas dösen.

„Wir sind fertig", wurde ich aus meinen Gedanken gerissen, „wir schicken einen Bericht an Ihren Hausarzt. Nehmen Sie bitte noch kurz draußen Platz, bis der Doktor sich die Aufnahmen angeschaut hat."

An das Gespräch kann ich mich überhaupt nicht erinnern. Aber im Bericht an meine Hausärztin ist eine Zusammenfassung nachzulesen:

Frische, leicht muldenförmige Deckplattenimpression BWK 4, 5 und 6 mit hier abgrenzbaren Frakturlinien. – Wenigstens hier war mal was abgegrenzt! – *Zudem Verdacht auf diskrete Deckplattenimpression auch an BWK 3.*

Also, *Deckplattenimpression* bedeutet, dass die Deckplatte eines Wirbelkörpers eingedrückt ist.

Als *Frakturlinie* bezeichnet man den Spalt im Knochen, den man bei einem Knochenbruch sehen kann.

BWK ist die Abkürzung für Brustwirbelkörper.

Sprich: Bei mir waren die Deckplatten eingedrückt und die Wirbel 4 bis 6 gebrochen.

Tolle Wurst, dachte ich mir. Wenn das Leben einen fickt, dann richtig.

Als ich wieder bei meiner Hausärztin ankam, hatte sie schon den Bericht von der „Körperdurchleuchtungspraxis". Wir schauten uns noch zusammen die Bilder an, die ich mitbekommen hatte.

„Ja, Herr Landthaler, das sind Brüche. Sehen Sie das hier?"

Sie deutete auf eine weiße Linie, die durch ein dunkles Umfeld, einen Wirbel, lief.

Ich nickte nur geschockt.

„Was mache ich bloß mit Ihnen? Am besten gehen Sie in die Notaufnahme des BWK."

Mit BWK meinte sie in diesem Fall natürlich das Bundeswehrkrankenhaus, nicht den Brustwirbelkörper.

„Die sollen sich um Sie kümmern. Dort ist es auch zu diesem Zustand gekommen. Alles Gute, und halten Sie mich bitte auf dem Laufenden."

Also wieder ins Krankenhaus. Ich hatte es auch schon vermisst.

Auf dem Weg ins BWK stellte meine Mutter dann fest: „Also von einer Muskelverspannung kommen deine Schmerzen nicht, so viel ist sicher. Du musst dich wohl während deines epileptischen Anfalls so verbogen und gekrümmt haben, dass du dir selber die Wirbel gebrochen hast."

„So ist es. Ich bin halt ein brutaler Typ", witzelte ich. „Mir fehlt jede Erinnerung an die Nacht. Ich muss noch mal fragen, was da genau vor sich gegangen ist."

Wir betraten die Notaufnahme – da mussten wir hin, warum auch immer. Ich meldete mich am Empfang an. Erklärte meine Situation und gab die CD mit den MRT-

Bildern ab. Aber die Dame dort war, glaube ich, etwas überfordert.

„Mir hat man hier vor 19 Tagen einen Hirntumor entfernt. Sechs Tage nach der OP hatte ich einen Anfall. Dabei habe ich mir wohl drei bis vier Brustwirbel gebrochen. Ich hab starke Rückenschmerzen. Meine Hausärztin hat mich hierhergeschickt. Klar so weit? Rufen Sie in der Neurochirurgie an."

„Okay, setzen Sie sich bitte. Es kann eine Weile dauern."

Aus der Weile wurden dann vier Stunden. Ich hatte wirklich einen dicken Hals.

Ein, wie ich annehme, Medizinstudent brachte mich in eine mit Vorhängen abgetrennte Kabine. Dort begann er dann mit dem Programm: Name, Adresse, Alter, Grund des Besuches, Vorerkrankungen, Allergien und so weiter. Dann wurde Puls gemessen und zum Schluss noch Blut abgenommen.

„Äh. Ich bin hier, weil ich mich auf der neurologischen Station bei einem epileptischen Anfall wie eine Schlange um mich selber gewunden hab. Warum, zum Teufel, muss das alles sein? Ich war hier 15 Tage, ihr habt alle Daten von mir!"

„Wir müssen das machen, wenn Sie über die Notaufnahme in unser Krankenhaus kommen. – Tut mir sehr leid."

Der Student ließ mich sitzen und wandte sich einer alten Frau in der Nachbarkabine zu.

Erneut begann die Warterei. Ich untersuchte die Instrumente in meinem „Zimmer", schaute, was ich so gebrauchen könnte. Die alte Dame nebenan beschwerte sich lautstark über irgendetwas. Ich stand von der Liege auf und lief über die Gänge der Notaufnahme. Die Zeit schien stillzustehen. Gerade wollte ich jemanden suchen und mal nachzufragen, wann es denn endlich weiterginge, als mich eine Pflegerin abfing.

„Gehen Sie bitte zur Abteilung Neuro…"

„Neurochirurgie. Das hab ich schon vor drei Stunden gesagt. Tschüss", zischte ich wütend.

Etage 03. Ich begrüßte die mir bekannten Pfleger auf dem Weg in ein Besprechungszimmer.

Der junge Arzt betrat kurz nach uns das Zimmer.

„Sie schon wieder?", sagte er lächelnd.

Er startete ein Programm am PC und scrollte durch die Bilder meiner Wirbelsäule. Schicht für Schicht, Wirbel für Wirbel.

„Jap, eindeutig Brüche. Sehen Sie?"

Erneut schauderte es mich, als ich die weißen Linien sah, die sich durch die Knochen zogen.

„Ja, sehe ich. Wie kann so was passieren? Der Anfall war hier auf der Station. In einem Krankenhaus. Warum hat man mich nicht fixiert oder so?"

„Das Wichtigste während eines solchen heftigen Anfalls ist, darauf zu achten, dass Sie nicht ersticken, und ihn mit Medikamenten zu unterbrechen. Eine Fixierung wäre hier völlig unangebracht. Konnten wir ja nicht wissen, dass Sie so viel Kraft haben", erklärte mir der Arzt. „Aber mal im Ernst, bei einem Anfall kann man übermenschliche Kräfte entwickeln. So dass man sich selber, ohne Schmerzen, die Knochen brechen kann."

„Klasse. Dieser verfluchte Status hat meine Situation noch um tausend Prozent schlimmer gemacht. Wie geht es jetzt weiter?", wollte ich wissen.

„Sie bleiben die Nacht über hier. Morg..."

„Warum muss ich hierbleiben?"

„So ist es halt, wenn man über die Notaufnahme aufgenommen wird. Außerdem wollen wir morgen früh noch mal ein MRT machen."

„Oh Mann, da hab ich ja mal null Bock drauf. Geben Sie mir wenigstens was Ordentliches gegen die Schmerzen?"

„Ja, dafür sorge ich. Und auch, dass Sie noch etwas zum Abendessen bekommen."

Ich verabschiedete mich von meiner Mutter. „Ich sag dir dann morgen früh Bescheid, wann du mich holen kannst. Und danke fürs Fahren."

Ich bezog mein Zimmer und stellte fest, dass ich überhaupt nichts für die Nacht dabeihatte.

Egal. Wird schon gehen.

Eine Pflegerin brachte mir noch Abendessen, mein Phenytoin, das Keppra und die heiß ersehnten Schmerztabletten.

Ich warf mir alles in den Schlund und hoffte, dass der Rückenschmerz bald nachlassen würde.

Nach 15 Minuten fernsehen machte sich eine Nebenwirkung der Tabletten bemerkbar, ich wurde müde.

Gut, endlich schlafen.

Wie konnte es anders sein? Am Morgen weckte mich die Reinigungskraft, in aller Frühe.

Anschließend wurde mir das Frühstück gebracht, danach sollte ich gleich zum MRT gehen.

Ich ließ mir Zeit, sollten die auch mal warten.

Falsch gedacht, ich musste mich trotzdem 30 Minuten gedulden, bis ich an der Reihe war.

Wie ich dieses Gerät langsam hasste. Ja gut, auf der einen Seite ist die Magnetresonanztomografie ein Meilenstein in der Medizin. Die Bilder, die dieses Gerät aufnimmt, haben schon unzähligen Menschen geholfen. Aber ich habe eigentlich immer nur schlechte Nachrichten bekommen, wenn ich aus dieser lauten Kiste gekommen bin. Deswegen wollte ich da gar nicht mehr hinein.

Auch dieses Mal wurde das bereits Bekannte bestätigt: Die Wirbel waren gebrochen.

Der Arzt sprach noch mal von der Deckplattenimpressionsfraktur –die laut Bericht sogar im Bereich von BWK 2 bis BWK 7 liegen sollte.

Aber mich schockte nichts mehr.

„Was mach ich jetzt?", wollte ich wissen.

„Sie müssen sich auf jeden Fall schonen. Das heißt, schweres Tragen und Heben unbedingt bleiben lassen. Ich werde Ihnen ein Stützkorsett verschreiben. Das müssen Sie die nächsten Wochen oder Monate tragen, je nachdem, wie die Heilung verläuft."

Okay. Ich hab gelogen. Ich war geschockt.

„Ein Korsett? Dann kann ich mich ja gar nicht mehr bewegen! Muss ich das immer tragen?"

„Ja, genau. Sie sollen sich ja auch schonen und die Wirbelsäule so wenig wie möglich belasten. Das Drei-Punkt-Mieder dient zur Stabilisierung und zur Fixierung. So ist es leider nun mal." Und als kleinen Trost fügte er hinzu: „Sie können es zum Schlafen abnehmen und wenn Sie auf dem Sofa liegen. Seien Sie froh, es gibt Patienten, die tragen das Mieder rund um die Uhr. Oder werden gar operiert. Sie hatten Glück im Unglück. Wenn Ihre Bandscheibe was abbekommen hätte, müssten Sie unters Messer."

„Toll, das beruhigt mich jetzt richtig."

„Kopf hoch. Kommen Sie im November noch mal vorbei. Dann schauen wir, wie es aussieht. Alles Gute."

Auf dem Heimweg fuhren wir gleich an einer Werkstatt für Orthopädie vorbei, um mein Korsett abzuholen. Ich übergab mein Rezept und erklärte im Groben, wie es zu diesem unglücklichen Zustand gekommen war.

„Oh je. Dann schauen wir mal, ob wir ein passendes auf Lager haben", sagte der Ladenbesitzer und kam tatsächlich nach kurzer Zeit mit einem Karton zurück.

„Schade, ich habe schon gehofft, dass es nichts Passendes gibt."

Er legte mir das Gestell an. Sofort merkte ich, wie es meine Bewegungsfreiheit behinderte. Von der Hüfte bis zum Hals war ich quasi starr.

„Sieht gut aus. Noch ein bisschen die Metallbügel anpassen und es sitzt."

„Daran muss ich mich erst gewöhnen", stellte ich fest, als ich mich draußen im Auto auf den Beifahrersitz quälte.

Auf dem Nachhauseweg wurde mir klar, was diese verdammten Wirbelbrüche für mich bedeuteten: Ich würde während meiner Zeit zu Hause ungefähr überhaupt nichts machen können.

Nicht an meinem Mofa schrauben, nicht Fahrrad fahren, nicht im Pool schwimmen oder Rasen mähen.

Das wird mich verrückt machen. Mein Leben kann ja nicht nur aus Arztbesuchen und Auf-dem-Sofa-Liegen bestehen. Da werde ich irre, dachte ich verzweifelt. Hoffentlich finde ich eine Beschäftigung.

Neurologischer Bericht

Es ist doch ziemlich schwierig, sich mit einem madigen Oberstübchen an alle wichtigen Sachen zu erinnern. Deswegen zitiere ich an dieser Stelle mal den Arztbericht des behandelnden Neurologen an meine Hausärztin:

Diagnose: Astrozytom links temporal Grad II, operiert September 2016, noch in Klinik Status epilepticus, jetzt mit Keppra und Phenytoin eingestellt und anfallsfrei, Gedächtnisstörungen.

... Ich berichte Ihnen über Ihren Patienten Herrn Landthaler, den ich am 20.09.2016 untersucht habe.

Der 24-jährige Mechaniker hatte ja schon längere Zeit Sprachaussetzer, es wurde dann im MRT das Astrozytom entdeckt und im September im BWK operiert.

... Die antikonvulsive Medikation besteht jetzt aus 2 × 1000 mg Keppra und 3 × 100 mg Phenytoin.

Anfälle sind nicht mehr aufgetreten. Vorrangig leidet der Patient unter Konzentrations-, Aufmerksamkeits- und Gedächtnisstörungen, die er selber auf die Phenytoingabe zurückführt.

... Der Patient möchte gerne wieder arbeiten.

Er hat sich beim Status epilepticus Wirbel gebrochen und trägt deshalb noch ein Korsett, wohl über 3 Monate.

Nebenwirkungen wie Aggressivität waren anfangs unter Keppra aufgetreten, sind inzwischen aber abgeklungen.

... Wir sind übereingekommen, zunächst in 3 Wochen das EEG zu kontrollieren und dann in 4-wöchigen Abständen immer wieder hier ein Gespräch zu führen.

... Ich habe noch mal mit dem Patienten besprochen, dass das wichtigste Ziel die Anfallsfreiheit ist. Ob und wann man eventuell das Phenytoin reduzieren kann, wird sich im Verlauf der nächsten Monate zeigen ...

So sah der Neurologe also meinen Zustand 20 Tage nach der OP.

Auf dem Weg der Besserung. Oder doch nicht?

Ich mutierte zur Überputzfrau. Einmal am Tag Staubwischen und Saugen war keine Seltenheit. Was sollte ich auch sonst machen. Ich war ein Gefangener in meinen eigenen vier Wänden. Durch das Fahrverbot war mein mobiler Radius relativ gering.

Dann entdeckte ich das Spazierengehen für mich.

Ja, wirklich. Wie die Rentner streunte ich in und um Dellmensingen herum.

Immer wenn das Wetter, die Lust und mein Rücken es zuließen, drehte ich eine mal größere, mal kleinere Runde. Ich erkannte schon Muster, wer wann und wo unterwegs war.

Es war Mitte Oktober, ich vegetierte auf dem Sofa vor mich hin und schaute fern.

Hmmm … mal wieder was lesen, wäre gut. Vielleicht gibt es ja Bücher, die zu meiner Situation passen.

Ich suchte im Internet nach Büchern zum Thema Hirntumor und fand tatsächlich eines, das von einem Krankheitsverlauf berichtete, der meinem ziemlich ähnlich schien. Und zack … bestellt.

Aber warum ein Buch lesen, wenn man die Scheiße selber erlebt hat?

Noch am selben Tag begann ich, mein eigenes Buch zu schreiben. So schnell wird man Autor.

Ich versuchte jeden Tag ein paar Zeilen zu schreiben. Es fiel mir schwerer als gedacht, mich zu konzentrieren und zu erinnern. Wie war das noch mal? War das die richtige Reihenfolge? Hab ich etwas Wichtiges vergessen? Habe ich das schon geschrieben? Das verfluchte Phenytoin hat mein Gedächtnis sehr beeinflusst.

Hier und da fragte ich bei meiner Freundin oder meiner Mutter nach. Ich hatte endlich wieder eine Beschäftigung und eine Tagesaufgabe.

Ich hackte in die Tastatur, als mich plötzlich ein altbekanntes Gefühl aus dem Schreibwahn riss. Das Kribbeln in der rechten Gesichtshälfte war wieder da. Und so plötzlich, wie es gekommen war, war es auch wieder weg.

Na, toll.

Panik überkam mich. Bekomme ich einen Anfall? Was soll ich machen? Oder ist mir nur ein Schauer über den Rücken gelaufen? Die zwei Gefühle sind ähnlich.

Ich beschloss, die Sache unerwähnt zu lassen.

Zwei Monate nach der Operation

Ein schlimmes Erlebnis für mich war das Hüttenwochenende mit meiner Narrenzunft, besser gesagt die Folgen.

Bis kurz vor Abfahrt stand auf der Kippe, ob ich überhaupt mitgehen konnte bzw. sollte. Jetzt weiß ich, mitzukommen war die falsche Entscheidung. Die OP war gerade zwei Monate her.

Geplant war: Ich geh mit, entspanne mich, erhole mich und schalte etwas ab.

Pustekuchen.

Gleich nach der Ankunft wurde das erste Bier geöffnet. Meine Freundin versuchte vergeblich, mich davon abzuhalten, und war es schließlich irgendwann leid, immer etwas zu sagen. Auch die Warnung meiner Mutter war spätestens beim vierten Bier vergessen. Ich betrank mich richtig. Zwei Tage hintereinander!

Das war ein großer Fehler. Aber vielleicht hat es diesen Fehler auch gebraucht, um mir die Augen zu öffnen und klarzumachen, wie ernst meine Situation ist.

Alkohol, Phenytoin und Levetiracetam (Kappra) vertragen sich nicht. Das ist jetzt klar.

Ich wurde zu einem richtig ekelhaften, gemeinen und rücksichtslosen Zeitgenossen. Und ich entschuldige mich hiermit bei allen, die das zu Unrecht abbekommen haben. Sorry.

Ich schenkte noch eine Weißweinschorle nach. Was soll's? Ich war eh schon am Arsch und ein Arsch.

Zum Glück habe ich keinen Jacky getrunken. Da wäre ich bestimmt zum Teufel geworden.

Ein lustiges Ritual muss ich an dieser Stelle erwähnen. Das hat richtig Spaß gemacht und ließ mich all den Mist vergessen. Wir tauften es auf den Namen „Wellness auf höherem Niveau". Männlein und Weiblein der jungen Generation treffen sich unter der Gemeinschaftsdusche mit einer Kiste Bier oder sonstigem Stoff, lassen das Wasser laufen und trinken nebenher. Die Prozedur kann gut und gern drei Stunden dauern. Je nachdem, was zuerst alle ist, das warme Wasser oder der Alkohol. Eine lustige Sache. Nur hätte ich es dieses Mal sein lassen sollen.

Die Folgen steckten mir eine Woche im Kopf. Ich war vergesslicher als sonst, antriebslos und schlecht gelaunt. Ein Kater, den ich fast sieben Tage lang spürte. Nur war es kein Kater, sondern mein Gehirn, das damit beschäftigt war, sich nach der Operation zu regenerieren, und jetzt auch noch mit der Aktion auf der Hütte zu kämpfen hatte. Und das war eindeutig zu viel für meine Oberstube.

Am Montagmorgen nach dem Ausflug hatte ich eine Kontroll-Kernspintomografie der Wirbelsäule in der radiologischen Praxis. Total durch den Wind kam ich dort an. Dieses verfluchte Wochenende.

Man gab mir dort nur eine CD mit den Bildern mit, die ich am nächsten Tag mit dem Arzt im Bundeswehrkrankenhaus anschauen sollte.

Auch an dieses Gespräch kann ich mich nicht erinnern. Deswegen zitiere ich wieder aus dem Arztbericht:

... Diskreter Wirbelsäulenklopfschmerz im Bereich der mittleren Brustwirbel ... Neue Krampfanfälle traten nicht auf ... Gegen die Schmerzen wird bei Bedarf Ibuprofen 600 mg genommen ... Die Kernspintomografie zeigt einen stadiengerechten Verlauf ... Das verordnete 3-Punkt-Mieder kann abtrainiert werden ...

Also, noch mal in meinen Worten: Es hatte keine weiteren Anfälle gegeben. Ich hatte noch Schmerzen an der Wirbelsäule, die ich mit Schmerztabletten unterdrückte. Die Aufnahmen zeigten, dass die Brüche verheilten oder schon zusammengewachsen waren. Das Korsett konnte ich mir Schritt für Schritt abgewöhnen. Auch mit den Medikamenten war ich, bis auf das Phenytoin, zufrieden.

Ich nahm zweimal am Tag 1000 mg Keppra, nach Bedarf eine Ibuprofen und noch was zum Einschlafen.

Zum Thema Schlafen … Ich hatte massive Einschlaf- und Durchschlafprobleme. Das machte mich fertig. Morgens fühlte ich mich wie überrollt. Ich kam nachts einfach nicht zur Ruhe. Meine Gedanken waren immer voll am Arbeiten. Es war nicht so, dass ich darüber nachdachte, wie scheiße mein Leben war. Es war eher so, dass ich an die unmöglichsten Dinge denken musste. Zum Beispiel: Ich sollte mal wieder mein Auto putzen. Oder: Warum können Libellen rückwärts fliegen? Also ganz banale Sache. Das Gedankenkarussell hörte einfach nicht auf sich zu drehen.

Möglicherweise war ich einfach unausgelastet. Energieüberschuss. Keine Ahnung.

Mein Arzt hatte mir ein leichtes Antidepressivum verschrieben, das ich vor dem Zubettgehen einnehmen sollte. Das half. Ich konnte meine Gedanken kontrollieren und gezielt herunterfahren.

Schlaf ist für mich sehr, sehr wichtig. Das haben mir schon viele Ärzte gesagt. Im Schlaf repariert sich das Gehirn, es verarbeitet die Eindrücke des Tages und erholt sich.

Die Doktoren hatten mich unter Druck gesetzt … du musst schlafen!!!

Abgesehen davon ging es aufwärts. Wurde auch langsam Zeit.

Die Zeit zu Hause

Vorab muss ich gleich mal sagen: Die Zeit zu Hause ist nicht schön, wenn man wirklich krank ist.

Klar, in den ersten Wochen nach der Operation hat es mir nichts ausgemacht, untätig daheim auf dem Sofa zu liegen, weil ich noch viel zu verpeilt und auch zu schwach war, um groß irgendwelche Sachen zu unternehmen.

Aber irgendwann kommt der Punkt, an dem einem die Decke auf dem Kopf fällt.

Also, seid froh, wenn ihr arbeiten dürft, ehrliches Geld verdient, aus dem Haus kommt und mobil seid. Man merkt erst, wie wichtig das ist, wenn man es nicht mehr kann.

Was machen Rentner und Arbeitslose den ganzen Tag daheim? Genau, sie regen sich über alles und jeden auf! Genau das machte ich auch.

In meinem Fall traf das meine Krankenversicherung bzw. meine Zusatz-Krankenversicherung. Mit denen – ich will keine Namen nennen – musste man sich wirklich ärgern. Anfänglich rief ich bis zu dreimal am Tag an, wenn ich feststellte, dass irgendwas mit dem Krankengeld nicht stimmte. Ja gut, ich muss auch gestehen: Ich vergaß, dass ich zwei Stunden zuvor schon angerufen hatte. Aber damit müssen die leben – ist ja eine Krankenversicherung. Also, täglicher Kontocheck, dann den eingegangenen Betrag überprüfen und bei Fehlern oder Fragen sofort anrufen.

Ich legte einen Ordner an, in dem ich alle Unterlagen bezüglich meiner Krankheit säuberlich sortierte. Arztberichte, Krankmeldungen, Briefe von Versicherungen, Post vom Arbeitsgeber, CDs mit MRT-Aufnahmen und so weiter wurden alle schön eingeheftet. Ich legte sogar eine Tabelle an, auf der ich sehen konnte, wann mir welche Versicherung wie viel Geld überwies.

Ja, das klingt alles verrückt, aber das untätig Herumsitzen treibt einen dazu.

Ich bildete mir auch ein, keiner meiner Freunde würde sich mehr melden.

Weil ich eh nichts mit ihnen unternehmen konnte? Weil ich eh nur jammerte? Weil ich eh nichts Neues erzählen oder mir nichts merken konnte?

Meinen Bruder, meine Schwägerin und meine Nichte, so glaubte ich, hatte ich ewig nicht mehr gesehen! Auch meine besten Kumpels schienen wie vom Erdboden verschluckt. Als ich gesund war, hatten wir täglich Kontakt.

Wo seid ihr, wenn ich euch brauche???

Oder bin ich überempfindlich?

Ich werde so langsam verrückt!!!

Mein Mund schmerzte auch schon seit ein paar Tagen. Ich vergaß es nur immer wieder. Und so wunderte ich mich jeden Tag aufs Neue darüber. Das kam bestimmt von den Tabletten. Es konnte auf jeden Fall eine Nebenwirkung sein.

Als ich es dann nicht mehr aushielt, ging ich ins Bad und untersuchte meine Mundhöhle im Spiegel. Und was erblickte ich da?

Einen Zahn. Einen Weisheitszahn, der schon durch das Zahnfleisch gebrochen war.

Na toll, auch das noch. Ich sah sofort, dass der Zahn an seiner eigentlichen Stelle keinen Platz fand, ohne die anderen Zähne wegzudrücken.

Also musste ich wohl zum Zahnarzt.

Als ob ich nicht schon genug von diesen Kittelträgern hatte.

Ich machte für die kommende Woche einen Termin bei einem Oralchirurgen.

Mist!! Ich konnte ja gar nicht selber fahren. Also schnell meine Freundin fragen, ob sie an dem Tag Zeit hat. Das war zum Glück der Fall.

Die restliche Woche plagten mich der Rücken, der Zahn und die Vergesslichkeit.

„Beißen Sie bitte auf das Mundstück. Nicht bewegen", sagte die Zahnarzthelferin. Eine spacige Maschine umkreiste meinen Kopf und machte komische Geräusche. Ein spezielles Röntgengerät für die Zähne.

„Guten Tag, Herr Landthaler", begrüßte mich der Arzt kurz darauf im Sprechzimmer.

„Hallo. Wie sieht es aus mit meiner Weisheit?", fragte ich ihn.

„Der Weisheitszahn drückt auf den benachbarten Zahn, daher kommt der Schmerz, den Sie spüren. Auch die anderen drei Weisheitszähne werden bald durchbrechen. Aber bei Ihrer Krankengeschichte wollen wir Sie nicht zu arg in die Mangel nehmen. Wir werden nur einen Zahn ziehen. Der ist leicht zu entfernen, kein großes Ding. Machen Sie einen Termin bei meiner Mitarbeiterin. Am besten so schnell wie möglich."

Drei Tage später war es dann schon so weit.

Meine Mutter begleitete mich.

Ich nahm auf dem Stuhl Platz. Der Doc spritzte mir ein Betäubungsmittel ins Zahnfleisch.

Fünf Minuten später kam er wieder ins Zimmer.

„Also, legen wir los."

Er nahm eine Art Skalpell und legte damit den Zahn frei. Dann nahm er eine Zange. Ich musste meine Nackenmuskeln anspannen, um Gegendruck aufzubauen.

Der Zahnchirurg hebelte ganz schön an meiner Kauleiste herum.

„Da ist er ja schon", er hob mir den Zahn vors Gesicht. „Beißen Sie auf die Watterolle und kühlen Sie Ihre Backe. In der Apotheke kaufen Sie eine Spülung. Die reinigt die Wunde und verhindert eine Infektion. Wegen der drei anderen Weisheitszähne melden Sie sich einfach, wenn sie Probleme machen. Alles klar so weit?"

„All dud", stammelte ich.

Ja, so schnell verliert man einen Zahn. Wenn nur alle Operationen so schnell und einfach wären!

Nach drei Tagen hatte ich einen Kontrolltermin.

Wie ich mir schon dachte, war alles gut.

An diesem Tag wurde auch endlich das Phenytoin abgesetzt. Davon erhoffte ich mir eine Steigerung meiner Lebensqualität. Ende der Vergesslichkeit, Ende sonstiger Nebenwirkungen. Und natürlich bedeutet das Absetzen eines Medikaments eine Verbesserung des Gesundheitszustands.

Falsch gedacht.

Zwei Tage nach dem Absetzen des Phenytoin begann es plötzlich wieder im Gesicht zu kribbeln. Abwechselnd an der linken und rechten Seite.

Ich bekam echt Panik, hatte Angst vor einem erneuten Anfall. Natürlich, wie konnte es auch anders sein: Es war

Sonntag und die Praxis meines Neurologen natürlich geschlossen.

Also holten wir uns telefonischen Rat bei der neurologischen Abteilung des Bundeswehrkrankenhauses.

Dort empfahl man mir, das Phenytoin wieder einzunehmen. Und möglichst schnell einen Termin beim behandelnden Neurologen zu machen.

Meine Dosis Levetiracetam blieb bei 2000 mg pro Tag, dafür gab es abends noch mal eine Teufelspille.

Eine Woche später bekam ich dann einen Termin bei einer Neurologin. Das fand ich super, weil ich meinen bisherigen Arzt für einen unsympathischen Schnösel hielt, der mir keine Antworten auf meine Fragen gegeben hatte.

Nun also eine wirklich nette und kompetente Frau, die sich für ihre Patienten Zeit nahm.

Also besprachen und erklärten wir noch mal meine Situation. Stellten die Fragen, die bisher unbeantwortet geblieben waren, und äußerten Ängste und Sorgen.

Mit dem Resultat, dass Keppra wieder auf 2 × 1250 mg erhöht und Phenytoin endgültig abgesetzt wurde. Die Neurologin erklärte mir noch mal, wie wichtig es sei, regelmäßig und ausreichend zu schlafen.

Weiterhin sei an Autofahren noch nicht zu denken. Und vom Alkohol sollte ich die Finger lassen.

Von diesem Zeitpunkt an trank ich dann auch keinen Alkohol mehr.

Vier Monate nach der Operation

Über vier Monate lagen meine Gehirnoperation, mein epileptischer Anfall und meine Wirbelbrüche nun schon zurück.

Nach wie vor trug ich mein Korsett. Es stützte mich und nahm mir die Schmerzen.

Vor ein paar Wochen hatte mir ein Arbeitskollege die Einladung zur Weihnachtsfeier der Fertigungsabteilung in meinem Betrieb weitergeleitet.

Da kann ich nie hingehen, dazu geht es mir noch zu schlecht, hatte ich zuerst gedacht. Aber jetzt, am 9. Dezember, freute ich mich, meine Kollegen wiederzusehen.

Im Betrieb angekommen, das war ja klar, musste ich meine Geschichte wieder ein paar Mal erzählen. Aber das war egal. Hauptsache, unter Menschen.

Irgendwann war meine Krankheit nicht mehr das Hauptthema und wir unterhielten uns über alles Mögliche. Das mehrfach angebotene Bier lehnte ich ab. Der Schmerz im oberen Rücken wurde auch immer stärker. Ein Muster gab sich langsam zu erkennen. Sitzen. Durch zu langes Sitzen nahmen die Schmerzen zu. Es wurde schon fast unerträglich. Die Haltung mochten meine

Wirbel wohl nicht. Besonders im linken Schulterblattbereich konzentrierte sich der Schmerz.

Das muss ich unbedingt mit meiner Hausärztin besprechen, dachte ich. Schnell warf ich mir eine Ibuprofen in den Rachen und suchte mir einen Platz an einem Stehtisch. Das brachte auch die erhoffte Linderung.

Ein paar Tage später hatte ich meinen ersten Termin in der Physiotherapiepraxis, die es zum Glück in unserem Dorf gibt. Auch hier musste ich noch mal erklären, wie ich mich in diese beschissene Situation gebracht hatte. Nachdem ich mir auch dort mein Mitleid abgeholt hatte, ging die Behandlung auch schon los. Etwas überrascht war ich darüber, dass ich eher Sport beziehungsweise Muskelaufbau machen musste. Klar, ich hatte enorm an Muskeln verloren. Um genau zu sein: ganze fünf Kilo. Das hatte ich beim täglichen Wiegen festgestellt. Ich sah auch echt dürr aus. Ohne Bewegung, zumindest nicht in der oberen Körperhälfte, waren die tragenden Muskeln verkümmert. Davon kam auch ein Teil der Schmerzen.

Also noch fünf Wiederholungen. 1 … 2 … 3 … 4 … 5. Verdammt, war das anstrengend. Aber irgendwie freute ich mich. Ab sofort hatte ich zweimal die Woche Krankengymnastik.

Ein Termin bei der Neurologin stand Ende des Jahres auch noch an. Ich zitiere wieder die wichtigsten Stellen aus dem Arztbericht:

... Phenytoin ist abgesetzt ...

Nach wie vor immer wieder, je nach Stresssituation und bei Schlafmangel, Kribbelgefühle in der rechten, aber auch linken Gesichtshälfte, einmalig, durch Schlafmangel bedingt, auch kurzer Aussetzer.

EEG (Hirnstrommessung): Normales Alpha-EEG. Kein Herdbefund, kein Anhalt für eine erhöhte cerebrale Anfallsbereitschaft.

Herr Landthaler ist derzeit unter 2 × 1250 mg Keppra stabil. Für Februar kann eine Wiedereingliederung geplant werden, er stellt sich dann im Januar nochmals hier vor, auch bezüglich der Fahrtüchtigkeit.

Die Kontrolle des Kernspins, Anfang Dezember, im BWK war ohne Anhalt für Rezidiv ...

So weit der Bericht. Das Kribbeln musste man beobachten (mal wieder). Was der Ärztin, und auch mir, mehr Bauchweh machte, war mein schlechter Schlaf. Aber auch hier konnte man nicht wirklich viel machen. Entspannen und Tabletten nehmen. Klasse war, dass ich im Februar wieder zum Arbeiten gehen und auch wieder Auto fahren durfte.

Schon stand Weihnachten vor der Tür. Meine Freundin verbrachte die Feiertage mit ihrer Schwester auf den Malediven. Sie brauchte einfach Erholung. Die ganze Tumor-Geschichte machte ihr doch sehr zu schaffen. Irgendwann geht einem die Angst an die Substanz. Seit der OP war sie IMMER für mich da. Außerdem, so glaube ich, brauchte sie auch etwas Ruhe vor mir. Zu Recht.

So wurden die Feiertage eher merkwürdig. Der geregelte Ablauf an Heilig Abend und an den Weihnachtsfeiertagen, der sich über die Jahre eingebürgert hatte, war komplett hin. So kam keine weihnachtliche Stimmung auf. Und ja, das würde ich ihr noch jahrelang vorhalten. Obwohl sie sich die Auszeit wirklich verdient hatte.

Zu Silvester war dann die ganze Clique wieder zusammen. Wir feierten in der Bude, unserem Treffpunkt. Das war für mich das erste Silvester seit Langem ohne einen Tropfen Alkohol. Um Mitternacht stießen wir mit Sekt an, meiner natürlich ohne Stoff, und ließen dann die Feier schön gemütlich ausklingen. Aber, he, ein Neujahr ohne Kater hat auch mal was.

Meine geliebte Fasnet begann am 6. Januar. Aber dieses Mal war es eine sehr ruhige Narrenzeit. Ich war vielleicht bei fünf Veranstaltungen dabei.

Während der Umzüge hielt ich mich zurück, das heißt keine Purzelbäume auf der Straße, kein Sauhaufen, bei dem sich vier bis acht Narren auftürmen, und was weiß ich, was wir normal noch für Unfug machen. An den Brauchtumsabenden blieb ich stets nüchtern.

Es war durchaus auszuhalten, aber es war nicht so wie sonst.

Von meinem Vermieter James hatte ich erfahren, dass es in Dellmensingen eine „Sportgruppe" gibt, die er besucht. Er meinte, das sei für mich bestimmt das Richtige, um Muskeln aufzubauen. Genauer gesagt heißt das „Fünf Tibeter". Das sind fünf Übungen, die Körper und Geist gesund halten sollen. Tibetische Mönche haben diese Techniken vor Tausenden von Jahren entwickelt. Zwischen den einzelnen Tibetern werden ganz normale Übungen zur Stärkung der Muskeln gemacht.

Ich dachte mir, warum nicht? Ich muss unbedingt meine Rückenmuskulatur stärken und mit Krankengymnastik allein komm ich nicht weiter.

Also besuchte ich mit James ein Probetraining.

Es war klasse, wir machten gleich Rückenübungen. Sehr anstrengend für mich, aber ich fühlte mich danach deutlich besser.

Jetzt musste es ja aufwärtsgehen: ein bis zwei Mal die Woche Physiotherapie und einmal die Woche Fünf Tibeter.

Normalität in Sicht?

Der Januar begann mit den üblichen Terminen: Physio, Hausarzt, Tibeter, Krankmeldung in die Arbeit bringen. Aber ein Termin kam neu hinzu, und – wie kann es auch anders sein? – es war ein Arztbesuch! Bei einem Allergologen.

Ich hatte schon seit Jahren hin und wieder allergische Reaktionen, wenn ich in Kontakt mit Limetten kam. Meist wenn ich einen Cuba Libre getrunken hatte. Dann bekam ich rote Flecken im Gesicht und das Atmen fiel mir schwer.

Zurzeit hatte ich das Gefühl, dass diese Reaktionen häufiger auftraten, z. B. auch wenn ich einen Apfel oder eine Tomate aß. Meine Vermutung war, dass die in der Landwirtschaft verwendeten Pestizide meine Reaktion auslösten. Und vielleicht war ich momentan durch all die Medikamente noch empfindlicher.

Deswegen vereinbarte ich einen Termin bei einem Spezialisten. Er machte einen Lungenfunktionstest, nahm Blut ab und wollte genau wissen, wie und wann die Symptome auftraten.

Das Ende vom Lied war: Man kann nichts machen. – Wer hätte es gedacht?

Ich bekam ein paar Pillen verschrieben, die ich einnehmen sollte, wenn es zu einer Reaktion käme, und das war's. Begründung: Es gibt keinen Allergietest auf Pestizide, da es zu viele unterschiedliche Arten davon gibt. Also kann man nicht herausfinden, welches Gift unverträglich ist.

Ach ja, und ich bin allergisch auf Wespengift. Das hatte man feststellen können.

Seitdem versuche ich einen großen Bogen um Limetten, Zitronen, Orangen und Mandarinen zu machen. Sämtliches Gemüse und Obst wird fein säuberlich gewaschen. Nur reicht das leider nicht immer. Wenn dann Anzeichen von Atemnot oder Rötungen in meinem Gesicht auftreten, nehme ich ein paar Tropfen Fenistil. Sofern ich welche dabeihabe. Ansonsten versuche ich mit Wassertrinken dagegen anzukämpfen. Hat bis jetzt immer geklappt. Ich hoffe, das bleibt so.

Der nächste Termin beim Neurologen stand auch schon wieder an. Ich wusste, dass dieser Besuch sehr wichtig für mich sein würde, da die Entscheidung anstand, ob ich wieder Auto fahren darf und ob meine Krankenzeit endet.

... Herr Landthaler stellte sich heute zur Kontrolle vor. Er nimmt das Levetiracetam mit 2 × 1250 mg, habe vor

allem nach der morgendlichen Einnahme immer das Ge-
fühl, er könne sich schlecht konzentrieren. In Stresssi-
tuationen oder auch bei Schlafmangel verminderte Kon-
zentrationsfähigkeit und Kribbelgefühl in beiden Ge-
sichtshälften ...

Versuchsweise Reduktion der morgendlichen Keppra-
dosis auf 1000 mg, er soll abends 1250 mg weiter neh-
men. Geplante Wiedereingliederung ab Anfang Fe-
bruar.

Bezüglich des Autofahrens sehe ich jetzt nach 5–6
Monaten postoperativ unter stabiler Medikation und sta-
bilen Verhältnissen keine Gefahr mehr, er kann wieder
ein Kfz führen, sollte dies aber zunächst nur tagsüber
und nur für kürzere Aufmerksamkeitsstrecken (maximal
1 Stunde) tun. Derzeit noch keine Nachtfahrten und
keine längeren Autobahnfahrten ...

Yes!!! Jackpot.

Ich durfte wieder Auto fahren und zum Arbeiten
durfte ich in drei Wochen auch wieder gehen. Mein Leben kam wieder in geregelte Bahnen. Verdammt ... ich
freute mich wirklich aufs Arbeiten.

Die Krankengymnastik änderte sich nach Absprache mit
meiner Hausärztin in eine manuelle Therapie. Dabei

werden die Regionen, in denen sich der Schmerz konzentriert, mit speziellen Griffen und Massagetechniken behandelt. Meine Muskeln an der oberen Wirbelsäule waren aufs Übelste verspannt, so sagte zumindest meine Therapeutin. Ein Teil meiner Schmerzen komme von diesen Muskelverkrampfungen. Deswegen wurden die Regionen nun, mal schmerzhaft, mal wohltuend, massiert.

Ich merkte, dass sich mein Rücken durch die Fünf Tibeter, die manuelle Therapie, die Übungen zu Hause und durch meine täglichen Spaziergänge langsam wieder stärkte. Die Schmerzen wurden weniger, meine Muskeln bauten sich auf. Ich spürte aber auch, dass es bis zur vollkommenen Schmerzlosigkeit noch ein sehr, sehr langer Weg sein würde.

Unglaublich: Nach 25 Wochen, 175 Tagen, war ich wieder auf dem Weg zur Arbeit. Mit meiner Ärztin und meinem Arbeitgeber hatte ich eine stufenweise Wiedereingliederung festgelegt: Ich würde zwei Wochen lang jeweils vier Stunden am Tag arbeiten, dann zwei Wochen lang sechs Stunden und dann wieder normal Früh- und Spätschicht im Wechsel.

Ich freute mich unglaublich, als ich an der Stempeluhr in meinen „ersten" Arbeitstag startete.

„Auch mal wieder da?", rief mir schon ein Kollege entgegen. Den Spruch würde ich in nächster Zeit noch öfter hören.

Wirklich produktiv war ich aber in den ersten Tagen nicht. Zum einen musste ich erst mal wieder in den Arbeitsmodus umschalten, zum anderen musste ich sämtlichen Kollegen meine Leidensgeschichte berichten.

Ich erzählte von meinen Sprachaussetzern, die ich schon lange hatte, von den MRT-Aufnahmen, auf denen man den Tumor entdeckt hatte, von der Operation, von meinem epileptischen Anfall, meinen gebrochenen Wirbeln, den Gedächtnisstörungen, der unglaublichen Langeweile zu Hause und von meinen Eingliederungszeiten.

Schon waren die vier Stunden vorbei. Ich setzte mich in mein Auto und machte mich auf dem Heimweg. Grinsend dachte ich: Die Normalität kehrt zurück.

Leider hatte dies einen bitteren Beigeschmack.

Täglich kribbelten meine Gesichtshälften. Was mich natürlich in Panik versetzte. Meine Neurologin beruhigte mich zwar und meinte, das könne schon vorkommen. Aber es war trotzdem ein beängstigendes Gefühl, wenn die Ameisen wieder zu marschieren begannen.

Und: Mein Rücken brachte mich fast um!

Das „lange" Stehen machte sich sofort im oberen Rücken bemerkbar. Normale Menschen würden bei diesen Schmerzen zum Arzt gehen und sich krankschreiben lassen. Das war aber das Letzte, was ich tun würde. Ich nahm täglich zwei bis vier Ibuprofen, um die Schmerzen so erträglich wie möglich zu machen. Mit ein paar Übungen, die ich bei den Tibetern und in der Physiotherapie gelernt hatte, versuchte ich die Muskeln zu lockern. Das Kreisen der Schultern war die beste Methode, um die verkrampfte Region etwas zu lösen. Das krachende Geräusch der Knochen verunsicherte mich etwas, aber es war mir egal, Hauptsache, es half gegen die Schmerzen.

Ich arbeite als Zerspanungsmechaniker an computergesteuerten Fräsmaschinen und fertige Präzisionsteile für Materialprüfmaschinen.

Auch meine Konzentrationsprobleme machten sich bemerkbar. So produzierte ich deutlich mehr Ausschussteile als zuvor. Was früher aus dem „FF" kam, brachte mich nun in Schwierigkeiten.

Ich vergaß, die richtigen Leisten an den Schraubstock zu schrauben, nahm den falschen Anschlag, spannte das Werkstück nicht richtig auf, vergaß den Fräser zu vermessen oder gar Teile vollständig zu bearbeiten. An Programmieren war nicht zu denken. Zu viele wichtige Dinge mussten dabei beachtet werden.

All das ließ mich an mir zweifeln.

Kann ich diesen Job überhaupt noch ausüben? Wird es mit der Konzentration wieder besser?

Das laute Dröhnen der Fräsmaschinen, der Kollege, der auf mich einredete, der Druck, keine Fehler zu machen, all das wurde mir zu viel. Ich musste kurz nach draußen, mich sammeln, durchatmen.

Ruhig, Marcel, komm runter, du bekommst das hin. Es wird besser werden.

Also wieder zurück an die Arbeit.

Die ersten zwei Wochen vergingen wirklich schnell. Wenn ich daran denke, wie sich im Gegensatz dazu die Tage und Stunden während meiner Krankheitsphase gezogen hatten.

Also wurde die Arbeitszeit auf sechs Stunden aufgestockt. Auch dies spürte ich sofort. Der Rücken zwickte verstärkt und mein Hirn musste ich auch mehr anstrengen. Aber im Großen und Ganzen zeichnete sich eine Verbesserung ab. Das System der schrittweisen Eingliederung war super. Gleich die volle Arbeitszeit von Anfang an hätte ich vermutlich nicht durchgehalten.

Nach vier Wochen arbeitete ich wieder normal. Sieben oder mehr Stunden täglich, Früh- und Spätschicht im Wechsel. Als ob nie etwas gewesen wäre. Langsam wurde ich wieder der Alte. Die Arbeitsabläufe waren wieder klar und somit verbesserte sich auch die Qualität. Gelegentlich dachte ich zwar immer noch: Mein Gott, bist du ein Depp, wie kann dir nur so ein Fehler passieren?

Dann sah ich meine Kollegen und stellte fest, dass ihnen hin und wieder dieselben Missgeschicke unterliefen – und denen hatte man nicht am Gehirn rumgeschnitten.

Alles wird gut.

Ein Jahr nach der OP

So zog sich das Jahr hin. Mal gab es gute Tage, mal richtig beschissene. Und so auch die Nächte. Meistens konnte ich keinen Schlaf finden. Das wiederum führte dazu, dass ich wie überfahren die Frühschicht antreten musste, und natürlich verstärkte es die Angst, einen Anfall zu bekommen. Denn nach schlaflosen Nächten kribbelten meine Gesichtshälften vermehrt. Also hatte es jetzt erst mal Priorität, meine Schlafprobleme in Griff zu bekommen. Meine Neurologin hatte dazu diese Meinung:

... Er nimmt Levetiracetam mit 2 × 1250 mg, vertrage es gut. Auf Alkohol habe er verzichtet. Er schlafe allerdings sehr schlecht, könne schlecht einschlafen, fühle sich dann manchmal wie gerädert. Oxazepan habe nicht geholfen. Selbst mit einer Tablette habe er kaum geschlafen ...

... Versuchsweise Mirtazapin abends, jetzt für 4–6 Wochen zur Schlafregulation. Das Levetiracetam würde ich derzeit in der Dosis behalten, um nicht durch den Schlafmangel zusätzlich noch Anfälle zu provozieren.

Langfristig kann ggf. auf 2 × 1000 mg reduziert werden ...

Die starken Schlafmittel, die sie mir verschrieb, hatten bei mir null Wirkung. Ich wälzte mich die ganze Nacht herum. Machte mich verrückt und versuchte den Schlaf zu erzwingen. Es war aussichtslos. Meine unnützen Gedanken tanzten Tango in meinem Oberstübchen. Erst das Medikament Mirtazapin half mir beim Ein- bzw. Durchschlafen. Es ist eigentlich ein Antidepressivum, das eingenommen wird, um Depressionen unter Kontrolle zu bekommen. Ich schaute meine Ärztin etwas verwirrt an, als sie mir das eröffnete.

„Ich habe keine Depressionen. Ich kann nicht pennen, weil meine Gedanken nicht zur Ruhe kommen!"

„Ja, wir werden das Medikament etwas zweckentfremden. In niedriger Dosis kann es helfen, die Gedanken zu beruhigen, und somit das Einschlafen erleichtern."

„Mir ist so ziemlich alles recht. Hauptsache, ich kann schlafen."

Skeptisch nahm ich eine „Psychopille", bevor ich ins Bett ging.

Ich legte mich hin, machte die Augen zu und schlief ein. Unglaublich. Der Wecker holte mich um vier Uhr morgens aus dem dringend benötigten Schlaf. Und ich war fit und ausgeschlafen. So hatte ich das auch in den Griff bekommen.

Meine Laune wurde besser, das Arbeiten ging lockerer von der Hand und die Angst vor dem Nicht-schlafen-Können war auch weg.

Meine Krankengeschichte rückte immer mehr in den Hintergrund. Sie war nicht mehr jeden Tag allgegenwärtig. Der Tumor und meine Wirbelbrüche waren nicht mehr die Hauptthemen in meinem geregelten Tagesablauf. Andere Dinge wurden wieder wichtig. Zum Beispiel das Thema Techniker. Durch meine Diagnose hatte ich diese Weiterbildung auf unbestimmte Zeit aufschieben müssen.

Ich horchte in mich hinein und überlegte.

Bin ich jetzt bereit, diese Herausforderung anzunehmen? Schafft mein Gehirn diesen Stress, Beruf und Weiterbildung unter einen Hut zu bringen? Es gibt einige, die es nicht mal packen, obwohl sie keinen entfernten Tumor oder Gedächtnisprobleme haben.

Ich überlegte hin und her. Wog verschiedene Möglichkeiten ab. Weiter aufschieben? Zwei Jahre lang Vollzeit zur Schule gehen? Das Thema komplett abhaken? Was war das Richtige in meiner Situation?

Ich kam zu dem Entschluss, die Weiterbildung noch aufzuschieben. Mein Hirn würde das noch nicht packen, so war zumindest mein Gefühl. Das konnte ich auch noch in zwei oder acht Jahren machen.

Außerdem machte in meinem Betrieb zurzeit gefühlt jeder Dritte eine Weiterbildung zum Techniker oder Meister. Die Chance, eine Stelle zu finden, schien mir sehr gering. Der Markt war gesättigt. Auf der anderen Seite war der berufliche Aufstieg nie der Hauptgrund für mich gewesen, den Techniker zu machen. Ich wollte lernen, und zwar für mich. Ich wollte nicht „dumm" sterben. Wenn sich daraus eine andere Arbeitsstelle ergeben würde, wäre das natürlich klasse.

Ein anderes Thema, das immer präsenter wurde, war das Hausbauen. Dieser Gedanke war schon öfter in meinem und Nadis Kopf umhergegeistert. Aber so richtig ernsthaft wurde er erst, als mein Vermieter uns auf die Idee brachte, auf seinem Grundstück zu bauen. Immer wieder fing er damit an, machte uns heiß.

Voll cool, dachten wir. Dorthin zu bauen, wäre klasse. Großes Grundstück, gute Lage, die Kosten wären überschaubar, guter Nachbar. Alles wäre perfekt.

Wir informierten uns über verschiedene Baumethoden und Haustypen, hatten Termine bei der Bank und alles, was dazugehört. Wir bekamen von unserem Vermieter einen Grundstücksplan. So konnten wir schon mal grob das Haus platzieren und uns Gedanken über die

Aufteilung und Zufahrt machen. Sanna, unsere Vermieterin, stellte eine Anfrage bei der Stadt. Es ergab sich, dass das Grundstück zum Teil Überschwemmungsgebiet ist. Auf einer Karte konnten wir sehen, welchen Teil das betrifft. Auch das passte. Der Bereich, in den wir unser Häuschen stellen wollten, war nicht betroffen. Es hatte sogar einen Vorteil, dass etwa die Hälfte des Grundstücks als Hochwassergebiet zählte: Es senkte den Preis.

Wir malten uns schon alles aus. Es würde klasse werden.

Leider wurde unserem Traum ein jähes Ende gesetzt, als uns unsere Vermieter mitteilten, dass sie uns das Grundstück doch nicht verkaufen könnten.

Verdammte Scheiße.

Aber der Stein war ins Rollen gebracht. Wir wollten bauen. Nicht sofort, aber irgendwann wollten wir Bauherren sein. Natürlich hatte ich auch Angst. Haus bauen bedeutet Stress, und Stress ist immer noch Gift für mich. Aber was soll ich machen? Mein Körper muss das einfach packen.

So vergingen die Monate. Der Rücken zwickte gelegentlich nach harter körperlicher Arbeit oder langem Stehen. In stressigen Situationen begann mein Gesicht zu kribbeln und es kam zu leichten Schweißausbrüchen. Aber all dies machte mir nichts aus. Solange ich nicht wieder wegdriftete, war für mich alles gut.

Die Abstände zwischen den Terminen bei der Neurologin wurden immer länger. Was mit Sicherheit heißt, dass die Ärztin zuversichtlich ist. Da mein Gedächtnis nach wie vor nicht optimal funktionierte, machte ich mir immer eine Liste mit wichtigen Fragen, die ich ihr beim nächsten Besuch stellen wollte.

„Guten Tag, Herr Landthaler", begrüßte sie mich freundlich ein Jahr nach der OP, „wie geht es Ihnen?"

„So weit ganz gut. Ich habe mir Stichpunkte aufgeschrieben, die ich Sie fragen möchte, sonst vergess ich das wieder."

„Ja, dann lassen Sie mal hören."

„Ich hab immer noch Gedächtnisprobleme. Manchmal erzähle ich einem Kumpel, was ich am Wochenende gemacht hab, und zwei Tage später kaue ich ihm das noch mal vor. Ich bin wie meine Oma, und die ist Mitte achtzig. Liegt das an den Tabletten oder kommt das von der OP? Wird das besser werden?"

„Puh. Ich versuch es mal so zu erklären: Ihnen hat man am Gehirn ein Stück entfernt. Es ist, als ob Sie an einem PC einen Chip rausnehmen. Da kann es schon mal dazu kommen, dass manche Informationen nicht gespeichert werden. Es kann sein, das bleibt so, es kann aber auch sein, dass sich neue Verbindungen bilden, die dann die Infos richtig verlinken und abspeichern. Natürlich können die Tabletten auch noch ihren Teil dazu beitragen, das kann man aber nicht mit Sicherheit sagen. Sie nehmen momentan 2 × 1000 mg Keppra, das würde ich auch erst mal noch so beibehalten. Wir wollen nichts provozieren."

„Aha. Na, dann warten wir mal ab." Ich sah auf meine Notizen: „Ich schlafe immer noch nicht gut. Ich nehme jetzt das Mirtazapin nur noch in der Frühschichtwoche. Das hilft auch meistens, aber gelegentlich auch nicht. Dann geh ich ziemlich am Stock und hab auch mehr Konzentrationsprobleme. In den Spätschichtwochen nehme ich selten mal eine Tablette. Wenn ich nachts nicht schlafen konnte, bleibe ich halt im Bett liegen. In den Morgenstunden kann ich dann meistens noch mal dösen."

„Okay. Machen Sie das so weiter. Das müssen wir beobachten", sagte sie nachdenklich.

„Hin und wieder hab ich auch mal Anflüge von Kribbeln. Die sind aber ganz schnell wieder weg."

„Auch das, so denke ich, ist normal. Das ist kein Anfall."

„Da bin ich aber beruhigt. Manchmal hab ich Kopfschmerzen, genau im OP-Bereich", ich deutete an die Stelle am Kopf.

„Das kommt vermutlich von der Narbe. Es tut mir leid, aber da genaue Aussagen zu machen, wäre nur Spekulation. Und bei den jährlichen Kontrollen sehen wir, wenn sich an der Stelle was tut."

„Das dachte ich mir. Vor Kurzem habe ich mal die doppelte Dosis Keppra eingenommen. Ich hatte vergessen, dass ich schon eine Pille geschluckt hatte. Irgendwie war ich der Ansicht, ich hätte noch keine genommen, und hab nachgelegt. Dann ging es mir überhaupt nicht gut. Ich hatte Herzrasen, war ganz unruhig und unkonzentriert. Ich hab mich für zwei Stunden aufs Sofa gelegt, dann war es wieder besser."

„Das sollte nicht noch mal vorkommen. 2000 mg Levetiracetam innerhalb von kurzer Zeit führt genau zu den Nebenwirkungen, die Sie geschildert haben. Notieren Sie sich, wann Sie die Tabletten einnehmen, damit das nicht mehr passiert."

„Ich werde mein Bestes geben. Ich hatte echt Angst. Ach … in einem Monat habe ich das erste Kontroll-MRT seit einem Jahr. Ich bin echt gespannt auf die Aufnahmen und meganervös."

„Bleiben Sie ruhig. Danach machen wir noch einen Termin und besprechen das Ergebnis."

Insgesamt war ich mit dem Gespräch zufrieden. Meine Fragen waren zum Großteil beantwortet. Auch war mir klar, dass meine Ärztin keine Hellseherin ist und nicht auf alles eine Antwort hat.

So denke ich auch, dass Ärzte lieber vorsichtig mit ihren Aussagen umgehen und ihre Worte gezielt wählen sollten. Denn es gibt nichts Schlimmeres, als einem Menschen falsche Hoffnungen oder gar falsche Versprechungen zu machen.

Der Termin für das MRT kam immer näher, und je näher er kam, desto nervöser wurde ich.

Offenes Ende

Kontroll-MRT nach einem Jahr. Für diesen Tag hatte ich extra Urlaub genommen. Ich wollte, egal wie die das Ergebnis ausfallen sollte, einfach frei haben.

Seit 365 Tagen war ich nicht mehr in der Röhre gewesen, seitdem wusste niemand, ob es irgendwelche Veränderungen in meinen Kopf gegeben hatte. War der Krebs wieder da? Hatten sich neue Tumorzellen gebildet? Waren gar andere Hirnregionen schon betroffen? Hatte der Tumor gestreut? Oder hatte sich überhaupt nichts getan?

Genau die Fragen beschäftigten mich seit Wochen. Ich merkte, dass sich mein Unterbewusstsein nachts wieder mit diesen Dingen auseinandersetzte, weil die Schlafprobleme wieder zugenommen hatten. Deswegen war ich heilfroh, als der Tag endlich gekommen war.

Schon frühmorgens machte ich mich auf den Weg ins Krankenhaus. Routiniert schlängelte ich mich durch die Gänge des riesigen Baukomplexes. Ich meldete mich am Empfang der Neurochirurgie an. Eine nette Dame schickte mich sogleich wieder nach unten in die Radiologie. Dort bekam ich den bekannten Anmeldebogen, den ich schon ca. 3000 Mal ausgefüllt hatte. Nach genau 20 Minuten wurde ich aufgerufen.

Ich legte mich auf die herausgefahrene Liege des MRT-Geräts. Ein Krankenpfleger legte den Zugang für das Kontrastmittel. Schon fuhr mich das Gestell in den Bauch des eine Million Euro teuren Geräts. Ich machte die Augen zu und ließ die Prozedur über mich ergehen. Eine halbe Stunde später war ich schon wieder oben in der Neurochirurgie und wartete auf das Gespräch mit dem Arzt, der mich vor einem Jahr auch operiert hatte.

... Herr Landthaler berichtet, dass er unter der derzeitigen Keppra-Medikation keinen weiteren generalisierten Krampfanfall erlitten habe. Insgesamt fühle er sich wohl, selten käme es zu Konzentrationsstörungen. Intermittierend fallen Kurzzeit-Gedächtnisstörungen auf.

In der am heutigen Tag durchgeführten MRT-Untersuchung des Schädels inklusive Kontrastmittel zeigt sich weiterhin die bekannte Resektion des Tumors. Im Randbereich bestehen weiterhin die bekannten Gliosen, derzeit kein Anhalt für einen Rest- oder Rezidivtumor.

Wir empfehlen, die erneute bildgebende Verlaufskontrolle in 12 Monaten durchführen zu lassen, bei Auffälligkeiten entsprechend früher ...

Mit anderen Worten: ES HATTE SICH SEIT EINEM JAHR NICHTS VERÄNDERT. ES WAR NICHTS

NACHGEWACHSEN UND ES SAH SO AUS, ALS OB KEIN RESTLICHES TUMORGEWEBE DA WÄRE.

Ich spürte, wie eine Riesenlast von meinen Schultern fiel. Ich bedankte mich bei dem Doktor und machte mich auf den Weg nach Hause. Gut gelaunt informierte ich umgehend meine Freundin und meine Mutter. Die zwei freuten sich auch sehr über diese positive Nachricht.

Mir war durchaus bewusst, dass das jetzt nicht hieß, ich sei gesund oder gar der Tumor käme nie wieder. Ich hatte darüber genug gelesen und mit Ärzten gesprochen. Das Astrozytom, das sich in meinem Kopf eingenistet hatte, war ein langsam wachsender Tumor. Deswegen kann es sein, dass sich erst in fünf oder zehn Jahren eine Veränderung bemerkbar macht. Darum sind die jährlichen Kontrollen auch so wichtig. Die muss ich mein ganzes Leben lang machen. Aber lieber so, als irgendwann plötzlich festzustellen, das Tumorgewebe ist schon so groß, dass man operieren muss. Man kann schnell reagieren und mit einer Strahlentherapie beginnen. Vermutlich muss ich auch Keppra noch einige Zeit nehmen. Es verhindert halt mögliche Anfälle. Und ein Anfall würde bedeuten, dass ich wieder ein Jahr nicht Auto fahren darf. Also nehme ich die Tabletten und hoffe, dass alles so bleibt, wie es ist.

Was bleibt, ist die Ungewissheit, ob der Tumor zurückkommt. Aber das steht in den Sternen.

Ich lebe mein Leben, als wäre ich ein gesunder und normaler Mensch. Ich lasse mir von diesen beschissenen Zellen nicht die Zukunft versauen. Selbst wenn der Krebs zurückkehrt, werde ich kämpfen und ihn erneut besiegen.

Epilog

Abschließend möchte ich noch sagen: Bei jedem, der einen Hirntumor hat, können die Krankheitsphasen, die Operation und die Genesung anders ablaufen. Hier habe ich allein meine Geschichte erzählt.

Allen, die ein ähnliches Schicksal trifft, wünsche ich Kraft, Glück, Mut und Beistand, um die ganze Sache zu überstehen.

Mein Projekt mit dem Mofa habe ich aufgeschoben, aber nicht aufgehoben. Die technischen Reparaturarbeiten überschreiten doch mein Wissen. Ich werde einen Bekannten, der sich damit auskennt, um Hilfe bitten.

Was das Rauchen betrifft: Gelegentlich, in geselliger Runde, rauche ich mal eine oder zwei Zigaretten. Das ist für mich in Ordnung so.

Alle Dialoge in diesem Buch basieren nur auf meinen Erinnerungen. Und die sind, wie wir erfahren haben, mehr als unzuverlässig. Deswegen kann es sein, dass das Geschriebene etwas vom tatsächlich Gesagten abweicht.

Fachbegriffe

Allergologie: Medizinische Fachrichtung, die sich mit Allergien beschäftigt.

Antidepressiva: Psychopharmaka, die zur Behandlung von Depressionen oder Schlafstörungen verwendet werden.

Astrozytom: Tumor, der aus Zellen hervorgeht, die im Gehirn das Stützgerüst für Nervenzellen bilden. Bei einem diffusen Astrozytom (nicht klar von anderem Gewebe abgegrenzt) handelt sich um einen weniger bösartigen Tumor.

Deckplattenimpression: Verformung eines Wirbelkörpers durch Einsinken der Wirbeldeckplatten.

EEG (Elektroenzephalografie): Diagnostikverfahren zur Messung von Hirnströmen.

Epileptischer Anfall: Vorübergehende Funktionsstörung des Gehirns, bei der sich Nervenzellen der Großhirnrinde in schneller Abfolge entladen.

Frakturlinien: Spalt im Knochen, den man bei einem Knochenbruch auf Röntgen- oder MRT-Aufnahmen sehen kann.

Fünf Tibeter: Abfolge von fünf Übungen, die Körper und Geist gesund halten.

Gliose: Narbe im Hirn aus Gliazellen (Zellen mit Stütz- und Haltefunktion im Nervengewebe).

Hämangioblastom: Gutartiger Tumor im Bereich des zentralen Nervensystems.

Ibuprofen: Arzneistoff zur Behandlung von Schmerzen, Entzündungen und Fieber.

Kontrastmittel: Wird eingesetzt, um krankhafte Veränderungen von gesundem Gewebe abgrenzen und bewerten zu können.

Leopard 2: Deutscher Kampfpanzer, der ca. 60 Tonnen wiegt.

Levetiracetam/Keppra: Antiepileptika – Medikamente, die zur Behandlung oder Vermeidung epileptischer Anfälle eingesetzt werden.

Liquor: Gehirn-Rückenmarks-Flüssigkeit, die in einem System aus kommunizierenden Hohlräumen zirkuliert und Gehirn und Rückenmark umspült.

Lumbalpunktion: Entnahme von Hirnflüssigkeit aus dem Wirbelkanal mit einer speziellen Nadel.

Manuelle Therapie: Dient zur Behandlung von Funktionsstörungen des Bewegungsapparats.

Mirtazapin: Antidepressivum, das in geringerer Dosierung schlaffördernd sein kann.

MRT/Funktions-MRT: Magnetresonanztomografie, ein bildgebendes Verfahren, das zur Darstellung von Weichteilen und Organen geeignet ist. Bei einem

Funktions-MRT werden Aufnahmen des arbeitenden Gehirns gemacht.

Neurologie/Neurochirurgie: Medizinischer Bereich, der sich mit der Diagnostik, Therapie und Rehabilitation von Erkrankungen des Nervensystems beschäftigt; operative Behandlung von Gehirn und Rückenmark.

Phenytoin: Medikament zur Behandlung von Epilepsie.

Resektion: Operative Entfernung.

Rezidiv: Rückfall, Wiederauftreten eines Tumors nach bereits erfolgter Behandlung.

Status epilepticus: Dauert ein epileptischer Anfall länger als fünf Minuten, spricht man von einem Status epilepticus. Dieser kann lebensbedrohlich sein, wenn er nicht rechtzeitig unterbrochen wird.

Fotos

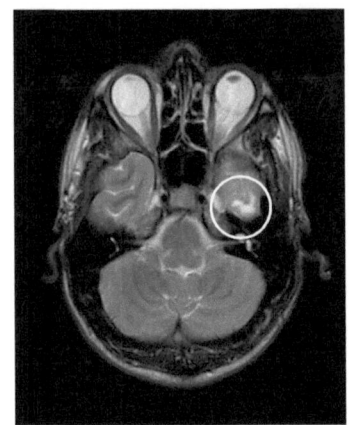

Eine der ersten MRT-Aufnahmen

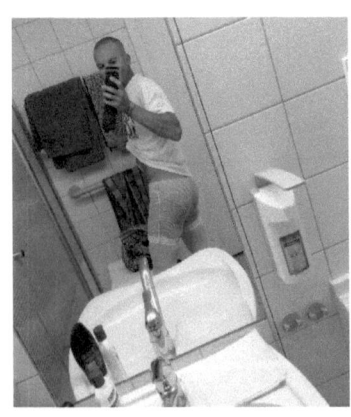

Eine Stunde vor der OP

Kurz nachdem ich aus der Narkose aufgewacht bin

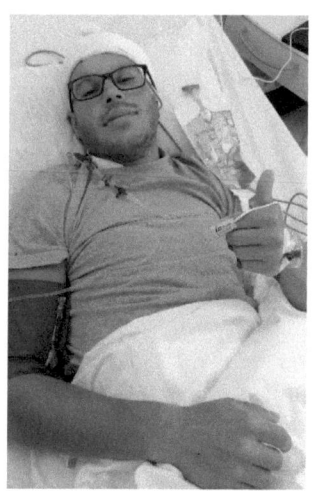

Auf dem Zimmer, Drainage zum Blutabfluss

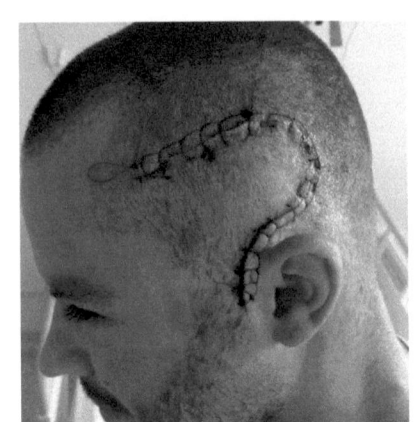

Der OP-Bereich

Ein Tag nach dem Status epilepticus

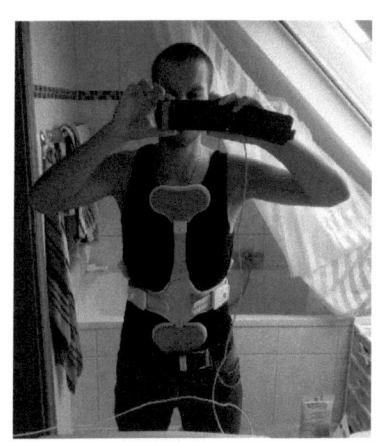

Korsett zur Ruhigstellung des Rückens

Ein Jahr nach der Operation.
Danke! Ich liebe dich.

Danksagung

Danken möchte ich meinen Eltern Hans und Karin und besonders meiner Freundin Nadine. Danke für eure Liebe und den Rückhalt.

Meinem Bruder Dominik, seiner Frau Steffi und natürlich meiner Nichte Jana. Allen meinen Verwandten, besonders Jürgen Hermann, Gaby Häuptle und meinen Großeltern, die sich stets nach mir erkundigt haben. Meinen „Schwiegereltern in spe" Anita und Bernd Siebler-Ferry und Egon Ihle.

All meinen Freunden und Freundinnen, meinen Bekannten und den Menschen, die mich unterstützt und an mich geglaubt haben, insbesondere Matthias Braig, Dominik Beck, Sabrina Müller, Tamara Ihle, Daniel Bittner, Anja Buchbauer, Barbara Bomball und Manuel Tappmeier.

Meinen Arbeitskollegen, der Maskenzunft Egginger Ecko, meinen Vermietern Sanna Baumann und James Nägele und den Leuten aus der Hütte.

Danken möchte ich auch meinen Ärzten: Dr. Clarissa Flaschka, Patrick Kandziora, Dr. René Mathieu, meiner Neurologin Dr. Christine Jainta-Böck und der Physiopraxis Müller/Meißner. Den Pflegerinnen und Pflegern. Allen Assistentinnen und Assistenten, die bei der Operation geholfen haben.

Meinem Arbeitgeber, der Firma Zwick Roell, für den reibungslosen Ablauf der Wiedereingliederung, den Krankenversicherungen, der Deutschen Hirntumorhilfe und meiner Lektorin Antonie Hertlein.

DANKE …